Christina Riecke

Gott, meine schwarze große Schwester

Frauen aus Afrika lesen die Bibel

Aussaat

Für meine Schwestern hier und da

Zweigniederlassung der Verlagsgesellschaft
des Erziehungsvereins mbH, Neukirchen-Vluyn
Titelgestaltung: Hartmut Namislow
Satz: DTP/Aussaat
Druck: Nørhaven A/S, Viborg
Printed in Denmark
ISBN 3-7615-4987-3
Bestellnummer 154 987

Inhalt

Freundinnen

Die Hoffnung glaubt trotzdem

Vorwort

Die Bibel lesen und ins eigene Leben übersetzen. Die alten Geschichten hören und sich in ihnen wiederfinden. Nicht ohne die Heilige Schrift auskommen wollen. Die Bibel weiterschreiben.

Das alles tun die Frauen, die in den hier aufgezeichneten Kommentaren zu Wort kommen. Südafrikanische Frauen, die eine dreifache Art der Unterdrückung erlebt haben und erleben: als Schwarze unter dem Apartheidsregime, als Frauen in einer patriarchalischen Kultur, als Schwestern in ihren Kirchen. Daß weder Politiker noch Väter noch Brüder für sie Partei ergreifen, ist die schmerzliche Erfahrung, die hinter allen Geschichten steht. Aber das ist nicht alles.

Mal als vorsichtige Ahnung oder verhaltene Hoffnung, dann als entschiedene Haltung und bewußte Lebenseinstellung hört man in allen Geschichten ein «Trotzdem!». Die unterschiedlichen Frauen, die hier mit ihren Interpretationen und Lebensbildern zu Wort kommen, haben alle eins gemeinsam: Trotz ihrer oft schlimmen Erfahrungen sagen sie Ja zum Leben. Sie wollen Gott lieben. Sie sehnen sich nach Befreiung. Sie wollen sich für die Armen und Schwachen engagieren und für mehr Gerechtigkeit kämpfen. Sie wollen ihren Beitrag leisten. Damit die Welt besser und das Leben lebenswerter wird, damit das Hoffen leichter fällt und Geschwisterlichkeit mehr wird als ein frommer Wunsch.

Die Bibel hilft ihnen dabei. Sie reizt zum Widerspruch, wirft hilfreiche Fragen auf, sie spornt an, etwas zu tun. Sie führt realistisch alte und aktuelle Probleme vor Augen: Gewalt, Neid, Hunger, Ignoranz, Unterdrückung, Geiz und

Angst. Sie regt aber auch dazu an, Auswege zu finden: Freundschaft, Sympathie, Teilen, Widerstand, Freiheit, Gnade und Glaube. Die eine geht mit mehr Frömmigkeit, die andere mit mehr Mißtrauen an die alten Geschichten heran. Beides ist wichtig und soll so nebeneinander stehenbleiben.
Die einzelnen Geschichten entstanden bei Bibelarbeiten und Andachten, bei Gottesdiensten und Frauentreffen in Kirchen, bei Diskussionsrunden in verschiedenen Frauenorganisationen. Sie dienten als Einleitung in ein Gespräch oder halfen auf der Suche nach Antworten. Die erste Geschichte (hier die sechste) entstand bei einem Seminar zum Thema Vergewaltigung. Meine Kolleginnen, eine Frauenärztin und eine Rechtsanwältin, wollten über die medizinischen und die rechtlichen Seiten dieses sehr aktuellen Problems sprechen. Aber wir mußten feststellen, daß es trotz großer persönlicher Betroffenheit nicht möglich war, die Tabugrenzen zu überwinden. Es war nicht nur ungewohnt, sondern in der Kirche geradezu verboten, über Themen wie Sexualität und Gewalt zu sprechen. Aber wir wußten doch, wie wichtig es war, das Tabu zu brechen, waren doch unter uns selbst Betroffene, Mütter, Töchter, Freundinnen, Schwestern, Nachbarinnen. Aus reiner Verzweiflung lasen wir die Geschichte von der Vergewaltigung einer Nebenfrau aus dem Richterbuch. Dadurch wurde ein ganz erstaunlicher Prozeß in Gang gesetzt: Eine brach das Schweigen und sagte: «Über einen Bibeltext wird man in einer Kirche doch wohl reden dürfen!» Und dann fingen sie endlich an zu erzählen!
So oder ähnlich sind auch die anderen Geschichten entstanden. Alle Gespräche wurden aufgezeichnet und nachträglich aus dem Englischen übersetzt. Dabei geht natürlich die konkrete Person verloren, ihr Gesicht bleibt unbe-

kannt. Und doch geht es in diesen Erzählungen noch persönlich zu, und die Direktheit kann über die Distanz hinweg bewegend sein. Daß einige Tatsachen und Zustände «typisch afrikanisch» sind, heißt nicht, daß sie uns total fremd oder bei uns schon lange schon viel besser sein müßten.

Auf die Frage, ob ich ihre Geschichte und Kommentare sammeln und veröffentlichen dürfe, bekam ich sehr unterschiedliche Antworten. «Na, wenn du meinst, daß sich jemand für uns interessiert», ist so eine Reaktion von denen, die es gewohnt sind, daß man sie, die Armen, links liegen läßt. «Wenn es hilft, daß wir uns besser verstehen», dahinter steckt eine große Sehnsucht nach mehr Zusammenarbeit und Solidarität. «Wenn sich überhaupt jemand auf die Bibel einläßt», ist der kritische und wissende Kommentar von einer, die schon ein paarmal in Europa zu Besuch war. Und als Nachsatz: «... noch dazu, wenn es politisch wird.» Kirchenfern und politikverdrossen, wie wir sind, können uns diese Geschichten vielleicht aufrütteln und ermutigen.

Essen, im Sommer 1997 Christina Riecke

Gerechtigkeit wird Wirklichkeit

Geld oder Grace

1. Mose 11,1-9

Es hatte aber alle Welt einerlei Zunge und Sprache. Als sie nun nach Osten zogen, fanden sie eine Ebene im Lande Schinar und wohnten daselbst. Und sie sprachen untereinander: Wohlauf, laßt uns Ziegel streichen und brennen! – und nahmen Ziegel als Stein und Erdharz als Mörtel und sprachen: Wohlauf, laßt uns eine Stadt und einen Turm bauen, dessen Spitze bis an den Himmel reiche, damit wir uns einen Namen machen; denn wir werden sonst zerstreut in alle Länder. Da fuhr der Herr hernieder, daß er sähe die Stadt und den Turm, die die Menschenkinder bauten. Und der Herr sprach: Siehe, es ist einerlei Volk und einerlei Sprache unter ihnen allen, und dies ist der Anfang ihres Tuns; nun wird ihnen nichts mehr verwehrt werden können von allem, was sie sich vorgenommen haben zu tun. Wohlauf, laßt uns herniederfahren und dort ihre Sprache verwirren, daß keiner des anderen Sprache verstehe! So zerstreute sie der Herr von dort in alle Länder, daß sie aufhören mußten, die Stadt zu bauen. Daher heißt ihr Name Babel, weil der Herr daselbst verwirrt hat aller Länder Sprache und sie von dort zerstreut hat in alle Länder.

Juliette erzählt: «Ich bin in einer Familie aufgewachsen, die schon sehr früh einige Privilegien in Südafrika hatte. Mein Vater war Arzt und meine Mutter Lehrerin. Sie waren beide sehr starke Menschen und sehr stolz. Sie haben mich erzogen, immer mir selbst treu zu sein und mich nicht demütigen zu lassen: von nichts und niemandem. Wir hatten immer mehr Geld als unsere Nachbarn, und in den letzten

Jahren konnte ich auf eine bessere Schule gehen. Ich bin immer sehr dankbar gewesen für diese Privilegien, habe aber auch gemerkt, daß mich meine Situation manchmal von den anderen Mädchen in meinem Alter trennte. Ich konnte schneller und besser als sie Englisch sprechen, und damit wußte ich, daß ich mehr Chancen in der Zukunft haben würde.

Vor ein paar Jahren haben meine Eltern beschlossen, aus dem Township wegzuziehen in eine ‹bessere› Gegend. Es gibt seit ein paar Jahren Viertel rund um Johannesburg, in denen – vereinfacht gesagt – ärmere Weiße und reichere Schwarze zusammen wohnen. Ich lernte: Wer es sich leisten kann, der zieht aus seinem Township weg. Ich habe nicht protestiert. Ich hatte eine beste Freundin, Grace, die ich sehr liebte. Sie wohnte mit ihrer Familie in einer Blechhütte in unserem Hinterhof. Viele Hausbesitzer vermieten den Platz hinter ihrem Haus an ärmere Familien. Wir legten auch eine Stromleitung in die Hütte, so daß Grace und ihre Familie Licht hatten und kochen konnten.

Grace ist genauso alt wie ich. Ich habe sie vor einigen Wochen mal wieder besucht, und was ich dabei empfunden habe, berührt mich ähnlich wie diese Geschichte vom Turmbau. Das erste war, daß wir uns kaum wiedererkannten. Sie hatte schon eine Schwangerschaft hinter sich, und ihr Körper war irgendwie aufgedunsen. Ich erkannte ihr Kleid wieder, aber selbst hatte ich neue modische Klamotten an. Als Kind war sie immer spindeldürr gewesen, und ich war pummelig, jetzt war es genau umgekehrt. Ich hatte Schuhe mit Absätzen an, und sie ging barfuß. Ich sprach Englisch, so wie ich es gewohnt bin, und merkte erst nach einiger Zeit, daß es ihr schwerfiel, mich zu verstehen. Und ich fing an, Tswana und den alten Soweto-Slang zu sprechen. Das ist meine Muttersprache, und ich beherrsche sie

natürlich immer noch, aber sie war mir trotzdem irgendwie fremd. Das Schlimmste aber war nicht – und in Babel wahrscheinlich auch nicht –, daß wir nicht mehr die gleiche Sprache sprachen und Verständigungsschwierigkeiten hatten. Schlimm war, daß wir uns nichts zu sagen hatten. Was hatten wir früher geredet, über alles und jeden! Wir waren so offen und frei und vertrauten uns alles an. Jetzt haben wir nur ganz oberflächlich Nichtigkeiten miteinander ausgetauscht und uns ansonsten angeschwiegen, peinlich berührt von so viel Entfremdung. Es war schrecklich.
Als ich den Text las, dachte ich: Genauso ist es: ich bin im Turm ein paar Etagen höher geklettert und habe mir eingebildet, ich wäre trotzdem die Alte geblieben. Nein, ich habe gemerkt, daß ich mich verändert habe. Ich habe mich von meinen Leuten und der für sie normalen Lebenssituation entfernt, und das Ergebnis ist: wir verstehen uns nicht mehr.
Ich glaube, der Turm ist ein gutes Bild für die Gesellschaft Südafrikas und für Hierarchien überhaupt und eigentlich sogar ein Bild für unsere Weltordnung. Ganz oben sitzen überall die Weißen und ganz unten die Schwarzen. Männer sitzen immer etwas über Frauen. Gesunde kommen höher hinaus als Kranke. Reiche könne sich einen der besseren Plätze erkaufen, und Arme bleiben nicht nur da, wo sie sind, sondern fallen immer tiefer, bis sie ganz unten sind. Könnt Ihr Euch vorstellen, daß eine schwarze behinderte Frau, die aus einem Ghetto kommt, Präsidentin wird? Von Amerika oder von Mercedes-Benz? Nein. Könnt Ihr Euch vorstellen, daß Gott so eine schwarze Frau ist? Natürlich nicht, denn Gott sieht ja so aus wie die Mächtigen. Nur der Götze Macht und Besitz thront noch über dem weißen Mann. Die Geschichte sagt uns: Gott will diese Ordnung nicht. Die Folge von Hierarchie ist immer, daß Menschen, die alle vor Gott gleich sind, nicht mehr dieselbe Sprache

sprechen, sich nicht mehr verstehen und sich nichts mehr zu sagen haben.

Daß es hier um ein Sprachenwirrwarr geht, können wir in Südafrika gut nachvollziehen. Wir wurden gezwungen, die Sprache der Herrschenden, der Unterdrücker zu lernen. Afrikaans ist aber nicht unsere Muttersprache. Heute lernen wir Englisch, und so verständigen wir uns untereinander, das ist irgendwie ein Kompromiß. Ich persönlich kenne keinen einzigen Weißen, der eine afrikanische Sprache wie Tswana oder Zulu gelernt hätte. Wer einmal oben im Turm sitzt, muß sich nicht mehr die Mühe machen, andere zu verstehen. Aber sie müssen natürlich ihn verstehen und die Befehle, die er gibt.

Unsere Welt sieht genau so aus: Die besten Chancen, nach oben zu kommen, Entscheidungen zu treffen und ein schönes Leben leben zu können, haben überall immer noch Weiße. Ein weißer, reicher – was auch heißt: gebildeter – Mann macht seinen Weg, klettert die Karriereleiter hoch. Er entscheidet über Kriege und den Einsatz von Militär, über Bananenpreise und Gesetze gegen Kinderhandel, er entscheidet, welche Rechte Behinderte und Frauen, Säuglinge und alte Menschen haben. Er entscheidet, ob und wohin sie abgeschoben werden. Er entscheidet über Entwicklungshilfegelder, ob er Kinder vor dem Verhungern rettet oder lieber Bomben kauft. Und wir sind alle von seinen Preisen und Strategien, von seinem Wohlwollen und Mitleid abhängig.

Und ich merke, daß ich dieses Denken irgendwie auch schon verinnerlicht habe. Ich möchte auch hoch hinaus. Auch wenn ich dabei die Freundschaft zu so einer wunderbaren Frau wie Grace verliere und ich unsere gemeinsame Geschichte beende. Das ist doch eigentlich schrecklich. Ich fühle mich ertappt von dieser alten Geschichte. Die

Symbole des Textes bewegen mich. Ich möchte in diesem System nicht mitmachen. Jesus zeigt uns doch, daß der umgekehrte Weg möglich ist. Auf Privilegien zu verzichten, Bequemlichkeiten aufzugeben, Herrschaft gegen Gemeinschaft zu tauschen und Stärke gegen Schwäche. Es scheint mir, als müßten Christinnen und Christen, die Jesus ernst nehmen, eine ernsthafte Infragestellung unserer Weltordnung sein. Jesus ist nicht so einer! Er ist kein weißer Held oder Oberbefehlshaber, er ist kein Kapitalist, er ist ein Bruder. Das macht ihn so revolutionär und so – ja, so unerträglich. So anders. Ich wünsche mir für mich und für uns alle, daß dieser Jesus unser Vorbild wird. Dann würde ich Grace nicht gegen Geld tauschen. Und wie komisch, die Bedeutung ihres Namens geht mir jetzt erst auf – Grace bedeutet Gnade.»

Wer hat Angst vor Hebammen?

2. Mose 1,15-22

Und der König von Ägypten sprach zu den hebräischen Hebammen, von denen die eine Schifra hieß und die andere Pua: Wenn ihr den hebräischen Frauen helft und bei der Geburt seht, daß es ein Sohn ist, so tötet ihn; ist's aber eine Tochter, so laßt sie leben. Aber die Hebammen fürchteten Gott und taten nicht, wie der König von Ägypten ihnen gesagt hatte, sondern ließen die Kinder leben. Da rief der König von Ägypten die Hebammen und sprach zu ihnen: Warum tut ihr das, daß ihr die Kinder leben laßt? Die Hebammen antworteten dem Pharao: Die hebräischen Frauen sind nicht wie die ägyptischen, denn sie sind kräftige Frauen. Ehe die Hebamme zu ihnen kommt, haben sie geboren. Darum tat Gott den Hebammen Gutes. Und das Volk mehrte sich und wurde sehr stark. Und weil die Hebammen Gott fürchteten, segnete er ihre Häuser. Da gebot der Pharao seinem ganzen Volk und sprach: Alle Söhne, die geboren werden, werft in den Nil, aber alle Töchter laßt leben.

Joyce: «Wir haben schon oft den Pharao und seine Gewaltherrschaft in Ägypten mit unseren Diktatoren hier in Südafrika verglichen. Und von dieser Geschichte über die Erzählung vom Kindermord des Herodes bis zu uns heute ist eines besonders gräßlich für mich: daß unschuldige Kinder sterben müssen, Säuglinge gar nicht erst mit dem Wachsen beginnen können. Was für eine wahnsinnige Angst diese Diktatoren haben müssen! Der Pharao fürchtet wohl, das Volk der Fremdlinge könne überhandnehmen und vielleicht eines Tages einen Krieg gegen die Ägypter anfangen. Alle potentiellen Soldaten, die Jungen, werden also umgebracht. Herodes fürchtet einen Konkurrenten, einen neuen König, unter einem guten Stern geboren, und er schickt seine Killerkommandos aus, um alle Neugeborenen abzuschlachten. Schüler in Soweto, die nicht mehr Afrikaans lernen und unter den verheerenden Bedingungen zur Schule gehen wollten, sollten auch mit Militär zum Schweigen gebracht werden. Kinder wurden erschossen. Was für eine Angst müssen diese starken, brutalen Herrscher haben, daß sie sich in ihrer Position schon von den Kleinsten bedroht fühlen!
Und sie hatten ja alle recht. Mose, Jesus und die Kinder von Soweto stellen ja bis heute für alle Willkürherrscher wirklich eine Bedrohung dar. Sie predigten die Freiheit, und nicht nur das – sie kämpften für sie. Mose, Jesus und die Schüler von Soweto ermutigten die Unterdrückten, endlich aufzustehen und die Freiheit zu leben. Ja, und mitten in der Geschichte voller Angst, Unrecht und Mordplänen

sind Schifra und Pua die Anwältinnen für Mut, Recht und Überlebenspläne. Sie stellen sich gegen den König, der den Tod verordnet, und helfen dem Leben zur Welt. Das ist ihr ureigener Beruf, ihre Berufung. Wer schon ein Kind zur Welt gebracht hat, weiß, wie wichtig es ist, eine Hebamme mit ihren helfenden, flinken Händen und ihren wissenden Augen zur Seite zu haben. Dem Leben zur Welt helfen, damit Mose, Jesus und andere Kinder überleben können in einer Welt, die sie nicht haben will.

Daß Mädchen keine Gefahr darstellen, wie der Pharao offensichtlich meint, wird schnell Lügen gestraft durch Schwestern und Töchter, die wohl auf ihre Weise dem System des Todes entgegentreten: Miriam, die Schwester des Mose, und sogar die Tochter des Pharao selbst, ohne die beiden wäre der kleine Mose wohl gestorben. Was für eine Ironie! In den eigenen Mauern, am Hof des Pharao, sitzt eine Frau, die den Befreier aufzieht. Schifra und Pua lassen sich nicht einschüchtern, sie tun ihre Arbeit und widersetzen sich den tödlichen Plänen des Pharao. Die beiden Hebammen lügen ihm noch ins Gesicht, als er sie wegen Befehlsverweigerung zu sich zitiert.

Ohne diese Frauen, ohne Miriam und die etwas suspekte Gestalt der Pharaonentochter, hätte es die Mosegeschichte nicht geben können. Jesus wäre nicht, der er ist, ohne Maria. Ich wäre keine aufmüpfige Schülerin geworden ohne meine Mutter. Sie hat mich dazu erzogen, stolz zu sein, mich nicht demütigen zu lassen. Ohne unsere Mütter und Lehrerinnen wären wir in diesem Land nicht da, wo wir heute sind: Apartheid hat am Ende nicht gesiegt, Pharao und Herodes sind die wahren Verlierer. Ich denke an die alte Frau, die am Tag der Wahlen immer wieder auf allen Fernsehkanälen gezeigt wurde. Sie war bestimmt neunzig Jahre alt. Sie hatte gerade ihre Stimme abgegeben, und ein

Journalist fragte sie nach ihren Gefühlen. Sie sagte voller Begeisterung: ‹Ich fühle mich, als hätte ich gerade Zwillinge geboren!› Und als der Journalist fragte, ob diese beiden wohl Mandela und de Klerk hießen, sagte sie: ‹Sie heißen Würde und Freiheit!› Wir mußten alle weinen, so schön hatte sie das gesagt. Ich denke auch noch daran, daß Gott selbst an einigen Stellen in der Bibel mit einer Hebamme verglichen wird, der Zion in der Stunde der Geburt hilft (Jesaja 66,7-9). Was für ein schönes Bild für Gott! Genau das haben wir erfahren: Gott hilft dem Leben zur Welt.»

Das Geheimnis des Teilens

1. Könige 17,8-14

Da kam das Wort des Herrn zu Elia: Mach dich auf und geh nach Zarpat, das bei Sidon liegt, und bleibe dort; denn ich habe dort einer Witwe geboten, dich zu versorgen. Und er machte sich auf und ging nach Zarpat. Und als er an das Tor der Stadt kam, siehe, da war eine Witwe, die las Holz auf. Und er rief ihr zu und sprach: Hole mir ein wenig Wasser im Gefäß, daß ich trinke! Und als sie hinging zu holen, rief er ihr nach und sprach: Bringe mir auch einen Bissen Brot mit! Sie sprach: So wahr der Herr, dein Gott, lebt: ich habe nichts Gebackenes, nur eine Handvoll Mehl im Topf und ein wenig Öl im Krug. Und siehe, ich habe ein Scheit Holz oder zwei aufgelesen und gehe heim und will mir und meinem Sohn zurichten, daß wir essen – und sterben. Elia sprach zu ihr: Fürchte dich nicht! Geh hin und mach's, wie du gesagt hast. Doch mache zuerst mir etwas Gebackenes davon und bringe mir's heraus; dir aber und deinem Sohn sollst du danach auch etwas backen. Denn so spricht der Herr, der Gott Israels: Das Mehl im Topf soll nicht verzehrt werden, und dem Ölkrug soll nichts mangeln bis auf den Tag, an dem der Herr regnen lassen wird auf Erden.

Nanagirl: «Ich freue mich, daß diese Geschichte in der Bibel steht, und ich finde mich darin wieder. Zuerst erkenne ich eine Alltagssituation: Ein Mann sagt: ‹Gib mir zuerst, und du kannst dann später auch etwas essen. Hör auf, mir etwas von deiner Haushaltskasse vorzujammern, ich habe Hunger. Ein Mann braucht Fleisch.› Ich weiß oft nicht, wo ich es hernehmen soll. Ja, wenn das so einfach wäre und jeder Mann ein Gottesbote wäre! Aber der Topf ist oft leer, und der Krug kann nicht neu gefüllt werden. Die Verheißung Gottes, die ich so gerne glauben würde, erfüllt sich nur in meinen Träumen. Ich muß sparen und mit dem Wenigen, das ich habe, klug haushalten. Aber – die Geschichte erzählt eine tiefe Wahrheit, die für die Gläubigen Wirklichkeit werden kann: Wer teilt, bekommt auch zurück. Wer abgibt, hat am Ende genug. Wer selbst-süchtig ist, bekommt den Hals nie voll. Wer das Risiko eingeht, nach den Regeln des Gottesreiches zu leben, erfährt, daß die Versprechen Gottes sich heute schon erfüllen. Meine Nachbarinnen und ich, meine Schwestern und Freundinnen helfen uns aus mit dem Wenigen, das wir haben. Manchmal denke ich: Bist du eigentlich verrückt? Denk an dich! Aber dann lasse ich mich wieder ein auf das Geheimnis des Teilens, und ehrlich – ich werde reich beschenkt.
In der Geschichte geht es um eine Hungersnot. Wir haben eigentlich genug zu essen in diesem Land. Wir sind reich. Im Unterschied zu einigen anderen afrikanischen Ländern gibt es in Südafrika Bodenschätze, fruchtbares Land und eine gute Infrastruktur. Trotzdem leben bei uns Menschen, die Hunger haben, und andere, die zu viel haben. Die ungerechten Zustände unserer Welt finden wir bei uns in einem einzigen Land, in Stadtteilen, die nur 20 Kilometer voneinander entfernt sind. Da trinken die Kinder abends vor dem Einschlafen Wasser, damit ihr Magen nicht knurrt,

dort hat eine vierköpfige Familie eine Küche, die groß genug wäre für ein ganzes Restaurant, und einen vollen Kühlschrank. Im Winter hatten wir keinen Strom, im weißen Viertel aber war jedes Schaufenster hell erleuchtet. Die einen haben gefroren, und die anderen haben trotzdem weiter verschwenderisch gelebt. Es ist also wirklich eine Sache des Teilens, des gerechten Verteilens. Aber viele von denen, die mehr als genug haben, denken gar nicht daran, abzugeben. Teilen ist wohl die letzte Chance der Armen. Reiche scheinen es auf den ersten Blick nicht nötig zu haben. Immer mehr Menschen denken von sich als unabhängige Einzelwesen, die nicht auf andere angewiesen sind. Das ist eine moderne Haltung, und sie erscheint auch mir immer wieder attraktiv. Wir können uns so eine Haltung nicht leisten. Sie ist ein Luxus der Reichen. Wie kümmerlich das Leben wird, wenn man nicht mehr auf die Güte anderer angewiesen ist und selbst auch nicht mehr gebraucht wird! Ich bete jeden Tag, daß wir alle großzügiger werden. Und daß wir das Risiko eingehen, abzugeben.»

Wer fragt, wird weggeekelt

4. Mose 12,1-15

Da redeten Mirjam und Aaron gegen Mose um seiner Frau willen, der Kuschiterin, die er genommen hatte. Und sie sprachen: Redet denn der Herr allein durch Mose? Redet er nicht auch durch uns? Und der Herr hörte es. Aber Mose war ein sehr demütiger Mensch, mehr als alle Menschen auf Erden. Und sogleich sprach der Herr zu Mose und zu Aaron und zu Mirjam: Geht hinaus, ihr drei, zu der Stiftshütte! Und sie gingen alle drei hinaus. Da kam der Herr hernieder in der Wolkensäule und trat in die Tür der Stiftshütte und rief Aaron und Mirjam, und die gingen beide hin. Und er sprach: (...) Warum habt ihr euch denn nicht gefürchtet, gegen meinen Knecht Mose zu reden? Und der Zorn des Herrn entbrannte gegen sie, und er wandte sich weg; auch wich die Wolke von der Stiftshütte. Und siehe, da war Mirjam aussätzig wie Schnee. Und Aaron wandte sich zu Mirjam und wird gewahr, daß sie aussätzig ist, und sprach zu Mose: Ach, mein Herr, laß die Sünde nicht auf uns bleiben, mit der wir töricht getan und uns versündigt haben. Laß Mirjam nicht sein wie ein Totgeborenes, das von seiner Mutter Leibe kommt und von dem schon die Hälfte seines Fleisches geschwunden ist. Mose aber schrie zu dem Herrn: Ach Gott, heile sie! Der Herr sprach zu Mose: Wenn ihr Vater ihr ins Angesicht gespien hätte, würde sie nicht sieben Tage sich schämen? Laß sie abgesondert sein sieben Tage außerhalb des Lagers; danach soll sie wieder aufgenommen werden. So wurde Mirjam sieben Tage abgesondert außerhalb des Lagers. Und das Volk zog nicht weiter, bis Mirjam wieder aufgenommen wurde.

Cindy sagt: «Manchmal geht es mir so, daß ich beim Lesen der Bibel nur Fragen, aber keine Antworten bekomme. Das hier ist so ein Text. Warum wird nur Mirjam aussätzig und ausgesperrt und Aaron wird nicht bestraft? Ist es vielleicht schlimmer, wenn eine Frau, wenn eine Schwester eine Führungsperson kritisiert, als wenn es ein Bruder tut? Und hatte Mirjam nicht recht mit ihrer Kritik? Hatte Gott nicht gesagt, die Israeliten sollten keine der Töchter Kanaans heiraten, sondern Frauen ihres eigenen Volkes? Sind das Gesetz und die Tradition etwa für die Führungspersonen nicht gültig? Ich weiß, daß an anderer Stelle (2. Mose 15,20) Mirjam eine Prophetin genannt wird. Sie war auch eine Leiterin, akzeptiert und respektiert von ihren Leuten. Es heißt, daß ihr alle Frauen folgten, als sie sang und tanzte, um Gott für ihre Befreiung aus Ägypten zu danken. Was war nun so schlimm an ihrer Frage? Wenn Mose tatsächlich der demütigste Mensch auf der ganzen Welt war, hat er sich doch sicherlich nicht angegriffen gefühlt. War Mirjam zu arrogant, oder hatte Mose ein Problem? Bot seine Art, zu leiten und Macht zu haben, vielleicht doch Grund zur Kritik? Und warum ist denn Gott eigentlich so empfindlich? Ich meine, egal, wie er nun zu Mose steht, was wäre das für ein Gott, der eine Frau mit Aussatz bestraft, nur weil sie ein paar Fragen stellt? Meine letzte Frage ist daher: Erzählt uns dieser Text wohl die ganze Wahrheit? Es sieht für mich so aus, als sei die Geschichte im Interesse von jemandem so geschrieben worden. Daß sie damit auf Kosten von Mirjam geht, hat man in Kauf genommen, wenn nicht gar beabsichtigt. Denn, liebe Schwestern, wir erleben doch ganz ähnliche Situationen: Wer die Führungspersonen kritisiert, wird ausgeschlossen. Wenn wir zu viele unbequeme Fragen stellen, werden die Männer, die an der Spitze der Hierarchie sind, sagen: ‹Kommt ihr nicht zu nah, ihre Art ist ansteckend. Sie wird andere beeinflussen, seid vorsichtig!› Vielen ist es so gegangen, als sie die Kirche nach ihrer Position im Apartheidsstaat gefragt haben. Sie wurden hinausgeekelt und verteufelt. Heute begegnet uns Frauen oft eine ganz ähnliche Haltung. Ich glaube einfach nicht, daß Gott seine besonderen Lieblinge hat. Ich traue den einzelnen Männern nicht, die unabhängig von allen anderen eine ganz spezielle Beziehung zu Gott haben und die keine und keiner hinterfragen darf. Haben sich nicht Weiße in unserem Land für die von Gott Erwählten gehalten und damit Unterdrückung, Folter und Mord gerechtfertigt? Und meinen nicht einige Männer immer noch, sie stünden Gott etwas näher als wir Frauen? Die Geschichte läßt mich nicht zur Ruhe kommen. Ich würde so gerne auf einige Fragen ein paar Antworten finden. Jedenfalls steh ich zu Mirjam. Ich versteh sie. Lieber werde ich mit ihr aus dem Lager herausgeworfen, als meine Fragen zu schlucken und allen nach dem Mund zu reden. Nein, ich bewundere Mirjams Widerstand, und sie steckt mich damit an.»

Gott kennt alle Namen

Offenbarung 5,9

Und sie sangen ein neues Lied: Du bist würdig, zu nehmen das Buch und aufzutun seine Siegel; denn du bist geschlachtet und hast mit deinem Blut Menschen für Gott erkauft aus allen Stämmen und Sprachen und Völkern und Nationen.

Sizakele sagt: «Das Buch der Offenbarung erscheint mir oft fremd und duster. Es bleibt mir verschlossen, und es offenbart mir eigentlich nichts. Aber eine Sache ist mir doch wichtig geworden und zwar das mit dem ‹Buch des Lebens›. Vor ein paar Wochen haben eine Freundin und ich auf dem Weg zum Gottesdienst ein Baby gefunden. Es war nur ein paar Tage alt. Es war tot. Dieses Baby lag am Rand der Müllkippe. Das ist ein großes Feld in unserem Township, wo jeder Abfälle hinkippt. Es stinkt ganz fürchterlich, und die Leute, die in der Umgebung wohnen, sind oft krank, ganz komische Ausschläge haben viele von ihnen. Auf diesem Feld haben wir es gesehen. Wir sind sofort hingelaufen und hatten erst noch die Hoffnung, daß es vielleicht leben würde. Wir haben sofort gemerkt, daß es schon gestorben war, und wir waren entsetzt. Das bin ich auch heute noch. Ich kann nur weinen, so schrecklich war es. Ich habe ständig dieses Bild vor Augen.
Wir sind dann in das Elendsviertel in der Nähe der Müllhalde gegangen, um herauszufinden, wer dieses Kind ist. Aber

die Menschen schwiegen nur betreten. Keiner kannte das kleine Kind, und keiner wußte, wer die Mutter war. Es war ein anonymes totes Knäuel Mensch. Wir sind dann doch noch in den Gottesdienst gegangen. An den vergangenen Sonntagen hatten wir verschiedene Texte der Offenbarung besprochen. Und wie ich schon gesagt habe: ich kann damit nicht so viel anfangen. Aber an dem Tag bekam diese eine Sache mit dem Buch des Lebens eine ganz neue Bedeutung für mich. Es war bisher so ein unheimliches Wort gewesen. Das Buch des Lebens wurde mehr mit Angst verbunden, und manche Pfarrer drohten einem damit. Ja, man fragte sich manchmal verzweifelt, ob man selber denn wohl drinsteht im Buch der Namen oder wie man das wohl hinbekommen könnte.
An diesem Sonntag war dieses Bild auf einmal ein großer Trost für mich. Da gab es also jemanden, Gott, der alle Namen aufschrieb. Das kleine tote Baby, das keinen Namen bei den Menschen hatte, hatte wohl einen Namen bei Gott. Bei uns kannte niemand dieses kleine Kind, und niemand wollte uns sagen, wer die Mutter ist. Es würde einen blanken Grabstein bekommen, wenn überhaupt. Bei Gott hat es einen Namen. Und all die anderen namenlosen Toten auch. Leichen, die nicht mehr erkannt werden konnten und die in allen großen Kriegen einfach so ‹übrig bleiben›. Kinder, die gar nicht erst so alt werden, daß eine Großmutter ihnen einen Namen gibt, eine Mutter sich zärtlich einen Kosenamen ausdenkt und Freundinnen einen Spitznamen erfinden. Gott hat sich alles notiert und wird keinen vergessen. Wir werden ihre Namen erfahren.»

Frauenkörper, Erfahrungen von Gewalt und Zärtlichkeit

Vergewaltigung einer Nebenfrau

Richter 19,15-30

Und sie bogen ab vom Wege, um nach Gibea zu kommen und dort über Nacht zu bleiben. Als er aber hineinkam, blieb er auf dem Platze der Stadt; denn es war niemand, der sie die Nacht im Hause beherbergen wollte. Und siehe, da kam ein alter Mann von seiner Arbeit vom Felde am Abend (...); und als er seine Augen aufhob, sah er den Wanderer auf dem Platze (...) und sprach: Friede sei mit dir! Alles, was dir mangelt, findest du bei mir; bleib nur nicht über Nacht auf dem Platze. Und er führte ihn in sein Haus (...). Und als ihr Herz nun guter Dinge war, siehe, da kamen die Leute der Stadt, ruchlose Männer, und umstellten das Haus und pochten an die Tür und sprachen zu dem alten Mann, dem Hauswirt: Gib den Mann heraus, der in dein Haus gekommen ist, daß wir uns über ihn hermachen. Aber der Mann, der Hauswirt, ging zu ihnen hinaus und sprach zu ihnen: Nicht, meine Brüder, tut doch nicht solch ein Unrecht! Nachdem dieser Mann in mein Haus gekommen ist, tut nicht solch eine Schandtat! Siehe, ich habe eine Tochter, noch eine Jungfrau, und dieser hat eine Nebenfrau; die will ich euch herausbringen. Die könnt ihr schänden und mit ihnen tun, was euch gefällt, aber an diesem Mann tut nicht solch eine Schandtat! Aber die Leute wollten nicht auf ihn hören. Da faßte der Mann seine Nebenfrau und brachte sie zu ihnen hinaus. Die machten sich über sie her und trieben ihren Mutwillen mit ihr die ganze Nacht bis an den Morgen. Und als die Morgenröte anbrach, ließen sie sie gehen. Da kam die Frau, als der Morgen anbrach, und fiel hin vor der Tür des Hauses, in dem ihr Herr war, und lag da, bis es licht wurde.

Als nun ihr Herr am Morgen aufstand und die Tür des Hauses auftat und herausging, um seines Weges zu ziehen, siehe, da lag seine Nebenfrau vor der Tür des Hauses, die Hände auf der Schwelle. Er sprach zu ihr: Steh auf, laß uns ziehen! Aber sie antwortete nicht. Da legte er sie auf den Esel, machte sich auf und zog an seinen Ort. Als er nun heimkam, nahm er ein Messer, faßte seine Nebenfrau und zerstückelte sie Glied für Glied in zwölf Stücke und sandte sie in das ganze Gebiet Israels. Wer das sah, der sprach: Solches ist nicht geschehen noch gesehen, seitdem Israel aus Ägyptenland gezogen ist, bis auf diesen Tag. Nun denkt darüber nach, beratet und sprecht!

– Der englische Text der Good News Bible endet mit der Frage: Was sollen wir nur tun? –

Refilwe sagt: «Das ist eine schlimme Geschichte, die uns sehr betroffen macht. Wir, die wir hier sitzen, finden uns sicher alle ohne Zögern in dieser Geschichte wieder. Gewalt ist eines der größten Probleme in Südafrika. Politisch motivierte Brutalität und Kriminalität, die mit zunehmender Armut wächst, und Gewalt gegen Frauen, die ein erschreckendes Ausmaß annimmt. Es erscheint mir fast ein bißchen wie ein Trost, daß auch die Bibel solche Geschichten kennt. Das hat es also schon immer gegeben. Gut, daß es aufgeschrieben wurde. Aber ansonsten ist die Geschichte wahrlich kein Trost. Am Ende wird gefragt: ‹Was sollen wir nur tun?› Dasselbe fragen sich die vielen Frauen, die in Südafrika täglich vergewaltigt werden. Inoffizielle Zahl: alle 38 Sekunden eine Frau. Was sollen wir nur tun? fragen sich verheiratete Frauen, die in der Ehe vergewaltigt werden, wenn der Mann sich nimmt, ‹was ihm zusteht›. Was sollen wir nur tun? fragen sich Mütter und Töchter, wenn Kinder vom Vater, von Onkeln und Brüdern der Großfamilie sexuell mißbraucht werden. Wir alle kennen mindestens ein

Opfer. Ich weiß von einigen, die heute hier mit uns diesen Text lesen, daß sie Ähnliches erlebt haben. Und wir alle leben in der ständigen Angst davor.»
Ailea: «Das Child-Abuse-Centre ist ein erster Schritt, eine kleine Antwort. Wir tun etwas, wenn wir die Opfer ermutigen, zur Polizei zu gehen, und sie auf diesem schwierigen Weg begleiten. Wir bieten Frauen und Kindern einen Ort, an dem sie sicher sind, an dem man ihnen zuhört, in mühsamer Therapie aufarbeitet, was passierte, und versucht, die verletzten Seelen wieder etwas zu heilen. Aber viel zu oft noch bleibt die Frage ‹Was sollen wir nur tun?› ohne Antwort. In der Geschichte geht es so weiter, daß die Männer in den Krieg ziehen, um die Frau zu rächen. Verletzter Stolz führt leider oft zu noch mehr Gewalt. Das ist nicht unser Weg. Wir bringen viel Geduld auf und leisten eine mühselige Kleinarbeit. Oft macht die gekränkte Eitelkeit eines Vaters, eines Ehemanns oder eines Partners des Opfers alles nur noch schlimmer, und die Frauen fühlen sich schuldig und noch gedemütigter. Ich kann verstehen, daß in der Geschichte zunächst keiner weiß, was zu tun ist. Es ist einfach zu schrecklich. Ich schweige auch oft angesichts von soviel Elend.»
Refilwe sagt zum Schluß noch: «Ich muß gerade denken, daß man von dieser Frau wie vom Leib Christi sagen könnte: ‹Sie wurde dahingegeben als ein Zeichen.› Dadurch, daß Teile ihres Körpers an alle zwölf Stämme Israels geschickt wurden, wird ihr Leib zu einem Symbol, das über die Frau selbst hinausgeht. So bekommt ihr sinnloser Tod doch noch einen nachträglichen Sinn. Aus der Nebenfrau, der Nebensache, wird ein Symbol für die Heiligkeit des Lebens und das Unheil von Gewalt. Ist es nicht so, daß uns manches dunkel und geheimnisvoll erscheint, wenn wir glauben? Der Gekreuzigte ist ja auch kein schöner Anblick,

und doch sehen wir das Leben in seinem Gesicht voller Schmerzen.»

Gott ist meine Freundin

Rut 1,16-17

Und Rut sprach zu Noomi: Wo du hingehst, da will ich auch hingehen; wo du bleibst, da bleibe ich auch. Dein Volk ist mein Volk, und dein Gott ist mein Gott. Wo du stirbst, da sterbe ich auch, da will ich auch begraben werden. Der Herr tue mir dies und das, nur der Tod wird mich und dich scheiden.

«Ohne die anderen Frauen, ohne Schwestern und Freundinnen würde ich nicht durchhalten und mich aufgeben. Ohne die anderen würde ich auch an Gott irre werden», sagt Thabang. «Ich bin wie Noomi, bitter und enttäuscht, auf mich gestellt. Ich bin wie Celie und Shug (in Alice Walkers Roman ‹Die Farbe Lila›): als Schwarze diskriminiert und als Frau vergewaltigt, als Tochter mißbraucht und als Ehefrau mißhandelt. Ich bin nichts.
In der Nähe meiner Uni ist ein großes Feld mit hohem Gras. Der einzige Weg von der Bushaltestelle zur Eingangstür führt durch dieses Feld. Immer lauern Männer dort. Sie warten auf uns, die Studentinnen. Wir haben aufgehört zu zählen, wie viele Mädchen vergewaltigt wurden. Ich bin eine von ihnen. Wir haben demonstriert und das Zimmer des Direktors belagert. Wir haben mit ihm gesprochen und ihn immer wieder gebeten, das Gras regelmäßig abzumähen. Er wollte nicht hören. Es sei zu teuer, hat er behauptet. Das Feld sei Angelegenheit der Stadtbehörde, er sei nicht verantwortlich. Wir haben damit gedroht, das Feld einfach

abzuflämmen. Dann ist ein weißes Mädchen vergewaltigt worden. Auf einmal ging es. Die Polizei kam sogar. In den Zeitungen wurde darüber berichtet.
Noomis Geschichte ist wie ein moderner Roman, ich würde sie gerne verfilmen. Shug glaubt nicht an Gott, denn ‹er ist weiß, und er ist ein Mann›. Ich verstehe, daß Noomi und Shug, Frauen wie ich, nicht an Gott glauben können; wenn sie nur noch bitter und trotzig sind und den Segen des Lebens verfluchen. Ich verstehe, wenn sie den Gott der Missionare, einen weißen Helden, ablehnen. Solange ein weißer Direktor erst dann hilft, wenn Mädchen seiner eigenen Rasse etwas passiert, wenn ein finanzstarker Vater ihn unter Druck setzt und eine weinende Mutter in der Öffentlichkeit für Stimmung sorgt, werde ich keinem glauben, der mir sagt, der Gott der Weißen habe mich lieb. Solange weiße Herrschaften lieber Bomben kaufen statt schwarze Kinder vor dem Verhungern zu retten, werde ich den weißen Männergott, der das alles rechtfertigt oder zumindest zuläßt, hassen. Ich bin auf dem Weg zur Schule vergewaltigt worden, und es hat niemanden interessiert. Wenn ich daran denke, wird mir übel. Mein Direktor ist ein frommer Mensch, und in seinem Zimmer hängt ein Kreuz. Er betet jeden Morgen in der Aula zu seinem Gott.
Ich kann so einen Gott nicht lieben, und ich glaube auch nicht, daß er mich liebt. Ich habe das Gefühl, daß Noomi und Rut, die alte verbitterte Witwe ohne Kinder und die junge Ausländerin, nur noch deshalb an Gott festhalten können, weil die Freundin ihnen treu ist. Celie und Shug können nur deshalb durchhalten, weil sie sich gegenseitig helfen, weil sie sich lieben. Nein, so ganz ohne Gott, ohne Liebe und Mitleid kann auch ich nicht leben. Ich ringe um Gott. Aber ich kann nur deshalb noch und immer wieder neu an die Liebe glauben, weil meine beste Freundin mir

Liebe schenkt. Ja, Gott ist wie meine Freundin. Sie macht mir Mut und hilft mir, zurechtzukommen. Gott steht zu mir und läßt mich nicht allein. Liebe habe ich nur erfahren, wo eine Schwester in dieser erbarmungslosen Welt Mitleid mit mir hatte, mit mir gelitten hat. Meinen Freundinnen bin ich nicht gleichgültig. Gott ist kein weißer Mann, und er ist kein mächtiger Vater. Kein Eheherr und keine Regierungsmajestät. Gott ist meine Freundin in einer Welt, die keine Gnade kennt, meine Liebe in einer lieblosen Welt.
Rut hat für Noomi Korn gesammelt. Noomi hat Rut in ihre Familie aufgenommen. Als sie einander brauchten, habe sie sich gegenseitig geholfen. Schwach, wie sie beide waren, hat ihre Freundschaft sie stark gemacht. Shug und Celie haben über alles miteinander reden können. Sie haben zusammen geweint und Pläne gemacht, Noomi hat mit den Gesetzen ihres Volkes einen Trick gefunden, aus dem Elend herauszukommen. Immer geht es um ganz konkrete Probleme: Gewalt, Flucht, Hunger. Eine Freundschaft bewährt sich in solchen Situationen. Meine Freundin Danita ist mit mir zu einem Arzt gegangen und dann zur Polizei. Sie hat mit mir zusammen eine Gruppe ins Leben berufen, die jeden Morgen nach dem Gebet zum Direktor gegangen ist, um ihn über die Mißstände an seiner Schule aufzuklären. Sie hat nächtelang an meinem Bett gesessen, wenn ich vor lauter Ekel und Angst nicht schlafen konnte. Sie ist die einzige, die mich noch anfassen darf, ohne daß ich hysterisch werde. Gott bleibt bei mir wie Shug bei Celie. An Gott halte ich so fest wie Rut an Noomi. Gott ist unsere Treue, mein Trost, unsere Zärtlichkeit, meine Kraft. Gott ist eine gute Freundin, ja, vielleicht die beste, die ich habe.»

Die Familie deckt den Mißbrauch

2. Samuel 13,1-22

Und es begab sich danach: Absalom, der Sohn Davids, hatte eine schöne Schwester, die Tamar hieß; und Amnon, der Sohn Davids, gewann sie lieb. Und Amnon grämte sich, so daß er fast krank wurde, um seiner Schwester Tamar willen; denn sie war eine Jungfrau, und es schien Amnon unmöglich zu sein, ihr etwas anzutun. Amnon aber hatte einen Freund, der hieß Jonadab, ein Sohn von Davids Bruder Schamma, und dieser Jonadab war ein sehr erfahrener Mann. Der sprach zu ihm: Warum wirst du so mager von Tag zu Tag, du Königssohn? Willst du mir's nicht sagen? Da sprach Amnon zu ihm: Ich habe Tamar, die Schwester meines Bruders Absalom, liebgewonnen. Jonadab sprach zu ihm: Lege dich auf dein Bett und stelle dich krank. Wenn dann dein Vater kommt, dich zu besuchen, so sprich zu ihm: Laß doch meine Schwester Tamar kommen, damit sie mir Krankenkost gebe und vor meinen Augen das Essen bereite, daß ich zusehe und von ihrer Hand nehme und esse. So legte sich Amnon hin und stellte sich krank. Als nun der König kam, ihn zu besuchen, sprach Amnon zum König: Laß doch meine Schwester Tamar kommen, daß sie vor meinen Augen einen Kuchen oder zwei mache und ich von ihrer Hand nehme und esse. Da sandte David zu Tamar ins Haus und ließ ihr sagen: Geh hin ins Haus deines Bruders Amnon und mache ihm eine Krankenspeise. Tamar ging hin ins Haus ihres Bruders Amnon; er aber lag zu Bett. Und sie nahm den Teig und knetete ihn und bereitete ihn vor seinen Augen und backte die Kuchen. Und sie nahm die Pfanne und schüttete sie vor ihm aus; aber er weigerte sich zu essen. Und Amnon sprach: Laßt jedermann von mir hinausgehen. Und es ging jedermann von ihm hinaus. Da sprach Amnon zu Tamar: Bringe die Krankenspeise in die Kammer, damit ich von deiner Hand nehme und esse. Da nahm Tamar die Kuchen, die sie gemacht hatte, und brachte sie zu Amnon, ihrem Bruder, in die Kammer. Und als sie diese zu ihm brachte, damit er esse, ergriff er Tamar und sprach zu ihr: Komm, meine Schwester, lege dich zu mir! Sie aber sprach zu ihm: Nicht doch, mein Bruder, schände mich nicht; denn so tut man nicht in Israel. Tu nicht solch eine Schandtat! Wo soll ich mit meiner Schande hin? Und du wirst in Israel sein wie ein Ruchloser. Rede aber mit dem König, der wird mich dir nicht versagen. Aber er wollte nicht auf sie hören und ergriff sie und überwältigte sie und wohnte ihr bei. Und Amnon wurde ihrer überdrüssig, so daß sein Widerwille größer war als vorher seine Liebe. Und Amnon sprach zu ihr: Auf, geh deiner Wege! Sie aber sprach zu ihm: Daß du mich von dir stößt, dies Unrecht ist größer als das andere, das du an mir getan hast. Aber er wollte nicht auf sie hören, sondern rief seinen Diener, der ihm aufwartete, und sprach: Treibe diese von mir hinaus und schließe die Tür hinter ihr zu! Und sie hatte ein Ärmelkleid an; denn solche Kleider trugen des Königs Töchter, solange sie Jungfrauen waren. Und als sein Diener sie hinausgetrieben und die Tür hinter ihr zugeschlossen hatte, warf Tamar Asche auf ihr Haupt und zerriß das Ärmelkleid, das sie anhatte, und legte ihre Hand auf das Haupt und ging laut schreiend davon. Und ihr Bruder Absalom sprach zu ihr: Ist dein Bruder Amnon bei dir gewesen? Nun, meine Schwester, schweig still; es ist dein Bruder, nimm dir die Sache nicht so zu Herzen. So blieb Tamar einsam im Hause ihres Bruders Absalom. Und als der König David dies alles hörte, wurde er sehr zornig. Aber er tat seinem Sohn Amnon nichts zuleide, denn er liebte ihn, weil er sein Erstgeborener war. Doch Absalom redete nicht mit Amnon, weder Böses noch Gutes. Denn Absalom haßte Amnon, weil er seine Schwester Tamar geschändet hatte.

Susan: «Vergewaltigung ist ein sehr wichtiges Thema für uns, und ich finde es gut, daß wir in der Kirche lernen, darüber zu sprechen. Es betrifft ja alle Frauen, und die Bibel hilft uns, mit einer so scheußlichen Geschichte wie dieser die Zustände ehrlich und konkret beim Namen zu nennen.

Wir tun uns oft schwer, offen über diese Dinge zu sprechen. Das Besondere an dieser Geschichte ist für mich, daß nicht irgendein Fremder aus dem Hinterhalt eine Frau überfällt und ihr Gewalt antut. Es ist ein Bruder, ein enger Verwandter. Gewalt ist ein schlimmes Problem in unserer Gesellschaft und hat viele Ursachen. Viele Frauenorganisationen und auch die Parteien bemühen sich, zu helfen. Immer mehr Frauen machen z.B. Selbstverteidigungskurse. Gewalt in der Familie aber ist ein Problem, das noch viel schwerer zu lösen ist. Man kann einer jungen Frau erklären, daß sie sich im Dunkeln oder in einsamen Gegenden nicht alleine aufhalten soll. Aber man kann einfach nicht jedes Kind dazu erziehen, vorsichtig oder gar mißtrauisch ihren (männlichen) Verwandten gegenüber zu sein. Tamar denkt sich eben auch überhaupt nichts Böses, als ihr Vater sie auffordert, zu ihrem angeblich kranken Bruder zu gehen. Sie wird auch dann noch nicht vorsichtig, als er sie bittet, mit in seine Schlafkammer zu kommen. Vielleicht wurde ihr etwas mulmig, als er seine Diener alle wegschickt und sie auf einmal alleine mit ihm ist. Aber sie bleibt. Ob das naiv war? Nein, man kann eben nicht immer mit dem Schlimmsten rechnen. Und doch möchte ich am liebsten den kleinen Mädchen und Jungen, den vielen Frauen ins Gesicht schreien: Paßt auf euch auf! Aber wo kommen wir denn hin, wenn wir hinter jedem Onkel, der mich drückt, und jedem Bruder, der abends mit mir alleine ist, jedem Vater, der mich streichelt, einen Lüstling vermuten? Das ist doch der reinste Horror. Und es sind ja eben Ausnahmen. Aber man erkennt sie nicht von außen: es sind kumpelige Onkels, große Brüder, gemütliche Väter, sympathische Priester, attraktive Lehrer.»
Agatha: «Am Anfang hat Amnon noch Skrupel. Er kann sich nicht vorstellen, seiner jungen Schwester etwas anzutun.

Aber er steigert sich hinein in seine Gefühle. Ich glaube, es ist wichtig wahrzunehmen, daß er da nicht einfach ‹reinrutscht›, als passives Opfer seiner Lust sozusagen, sondern daß er eine bewußte Entscheidung trifft. Oft wird das Ganze von einem Mann so dargestellt, als hätte er nicht anders gekonnt, weil die Frau ihn so ‹aufreizend› oder ‹schutzbedürftig› angeguckt habe. Das ist alles Unsinn und eine ganz schlechte Ausrede, die aus dem eigentlichen Opfer auch noch eine Mitschuldige macht.
Mitschuld trifft dagegen ganz bestimmt Jonadab, den feinen Freund. Ein sehr erfahrener Mann sei er gewesen, sagt der Text. Ob damit gemeint ist, daß er schon so manche Frau ‹rumgekriegt› hat? Jedenfalls denkt er sich die Lügengeschichte von der Krankheit aus, und Amnon, der wohl nicht genug eigene Phantasie besitzt, macht alles wörtlich so, wie sein Freund ihm rät. Und der Plan funktioniert tatsächlich. Amnon lockt seine Schwester an und vergewaltigt sie dann. Ja, und als ob das nicht schon schlimm genug wäre – dann schickt er sie weg, hat plötzlich genug von ihr. Die Lust war nicht von Dauer: Als sein Verlangen sich endlich befriedigt hatte, war sie nicht mehr interessant. Die ganze Zeit war sie wohl nur deshalb begehrenswert, weil er sie nicht haben konnte. Das Verbotene und Unmögliche hat ihn gereizt. Kaum ist sie erobert, kaum hat er bewiesen, daß er, der Erstgeborene des Königs, alles bekommt, was er will – da kann er sie nicht mehr ertragen. Ob da auch ein bißchen schlechtes Gewissen mitspielt? Wird ihm übel, als er merkt, was für ein übler Bursche er ist? Vielleicht. Ich wünsche es ihm und jedem, der sich so verhält.»
Susan: «Ich bewundere Tamars Haltung. Ihr liegt an ihrem Bruder, sie will ihn nicht bloßstellen. Nachdem er sie mißbraucht hat, sucht sie immer noch nach einer Möglichkeit, seine und ihre Ehre zu retten. Eine offizielle Heirat mit vä-

terlichem Segen scheint ihr der einzige Ausweg zu sein. Für sie beide. Ich glaube zwar nicht, daß sie mit diesem Vertuschungsakt wirklich glücklich geworden wäre, aber wahrscheinlich kennt sie ihre Grenzen: die Traditionen und Gesetze ihres Volkes. Sie weiß, daß sie als geschändete Frau keine Zukunft hat. Sie wird nicht verheiratet werden können. Und damit soll sie recht behalten. Sie wird als Frau zweiter Klasse im Haus ihres anderen Bruders leben.
Was die Folgen für ihren Bruder angeht, liegt sie allerdings falsch: ihr Vater, König David, ist zwar wütend, aber letztlich liebt er seinen Erstgeborenen eben doch mehr als alle anderen seiner Kinder. Amnon kommt ungestraft davon, und Tamar muß damit leben. Die Gesetze, die über Tod und Leben, Recht und Unrecht entscheiden, gelten nicht für den Lieblingssohn des Königs. Für seine Tochter allerdings kann David nichts tun. Er ist schon eine traurige Gestalt in dieser Familienangelegenheit. Er geht zur Tagesordnung über. Und Absalom, dessen Beziehung zu Amnon sich zwar verschlechtert und der ihn später als Rache für Tamar sogar tötet, auch er gibt Tamar nur den Rat: ‹Schweig, sprich nicht drüber, versuch es zu vergessen; es war doch nur dein Bruder.› Und genau das ist das Schlimme: es wird verheimlicht. Die ganze Sippe deckt den Vergewaltiger. Das ist auch unser Problem heute. Diese falsche Rücksicht auf Erstgeborene und Lieblingssöhne, auf Hoffnungsträger und Blutsbrüder – am Ende zahlen die Opfer den Preis.
Eine Vergewaltigung kann man nicht rückgängig machen. Ein Kind, das sexuell mißbraucht wurde, wird ein lebenslanges Trauma mit sich schleppen. Noch grausamer wird das Ganze aber, wenn nicht wenigstens um des Opfers willen ganz klar Recht gesprochen wird. Ich stelle mir vor, wie Tamar heimlich ihre Tränen weint und auf die peinlichen

Fragen, warum sie nicht heiratet, keine offene Antwort geben kann. Sie wird lügen müssen, und die Leute werden sie für eine komische Schrulle halten. Wenn die Wahrheit nicht ans Licht kommt und sich nicht wenigstens die Familienmitglieder klar und deutlich hinter das Opfer stellen, wird es noch viel schwieriger für die Betroffenen, heil zu werden. Eine Frau, die jahrelang in der Ehe vergewaltigt wird und die nicht darüber sprechen kann, schämt sich für sich selbst! ‹Der Mann nimmt sich ja nur, was ihm zusteht›, heißt es dann. Wenn nicht klar gesagt wird, daß die Intimsphäre eines Kindes geschützt werden muß, wird sich das Kind schlecht fühlen. ‹Es hat ja nicht protestiert.› Schon der Täter droht ja: ‹Sprich mit keinem drüber, hörst du? Sonst habe ich dich nicht mehr lieb. Sonst gibt es einen Skandal. Sonst machst du unsere Familie kaputt.› Wie soll man damit umgehen, wenn die gleichen Sprüche von denen kommen, auf die man vertraut und von denen man Unterstützung erhoffte? Wir müssen aus der Heimlichkeit heraus! Wir müssen lernen, in unserer Gesellschaft, in der Kirche, in unserem Freundeskreis darüber zu sprechen.»
Agatha: «Absalom hat später Söhne und eine Tochter. Von der heißt es, daß sie hübsch war und daß er sie Tamar nannte. Die geschändete Schwester hat nie eigene Kinder bekommen. Vielleicht war es ein kleiner Trost, eine Nichte zu haben, die nach ihr benannt wurde. Vielleicht hat sie aber auch Angst gehabt, sie könne das gleiche Schicksal erwarten, hübsch wie sie war. Mir kommt es so vor, als gebe es eine zweite Chance, daß eine Tamar glücklich wird. Obwohl sie eine Frau ist und obwohl sie schön ist. Das junge Mädchen Tamar, die Nichte einer geschändeten Prinzessin, ruft uns alle dazu auf, für die Zukunft unserer Töchter, Nichten, Patenkinder und Schwestern zu kämpfen. Daß sie glücklich werden, daß niemand ihnen Leid zufügt, nie-

mand sie berührt, wenn sie es nicht wollen. Daß sie ihr Frausein und ihre Sexualität als Gabe und Lust empfinden und genießen können, daß Männer Partner und Freunde werden, Vertraute und Liebhaber. Wir sollten darum beten und darum kämpfen, daß die Wahrheit gesagt und gehört wird! Damit Tamar die Jüngere und alle Spätergeborenen frei sein können.»

Steine gegen Ehebruch, Plakate gegen Abtreibung

Johannes 8,3-11

Aber die Schriftgelehrten und Pharisäer brachten eine Frau zu ihm, beim Ehebruch ergriffen, und stellten sie in die Mitte und sprachen zu ihm: Meister, diese Frau ist auf frischer Tat beim Ehebruch ergriffen worden. Mose aber hat uns im Gesetz geboten, solche Frauen zu steinigen. Was sagst du? Das sagten sie aber, ihn zu versuchen, damit sie ihn verklagen könnten. Aber Jesus bückte sich und schrieb mit dem Finger auf die Erde. Als sie nun fortfuhren, ihn zu fragen, richtete er sich auf und sprach zu ihnen: Wer unter euch ohne Sünde ist, der werfe den ersten Stein auf sie. Und er bückte sich wieder und schrieb auf die Erde. Als sie aber das hörten, gingen sie weg, einer nach dem andern, die Ältesten zuerst; und Jesus blieb allein mit der Frau, die in der Mitte stand. Jesus aber richtete sich auf und fragte sie: Wo sind sie, Frau? Hat dich niemand verdammt? Sie antwortete: Niemand, Herr. Und Jesus sprach: So verdamme ich dich auch nicht; geh hin und sündige hinfort nicht mehr.

Khumo: «Wenn ich diese Geschichte lese, dann fällt mir spontan ein anderes Beispiel ein: die ganze Diskussion um Abtreibung hier in Südafrika. Dabei werden auch ganz klassisch und ganz aktuell Frauen angeklagt. Die Männer kommen gar nicht erst vor, haben keine Ahnung, keine Schmerzen, keine Schuld. Die Fronten sind auch ähnlich wie bei der Ehebruch-Geschichte. Die einen heben den moralischen Zeigefinger und sind selber, zumindest oberflächlich betrachtet, unbetroffen. Es ist ja schon etwas drollig, daß gerade Priester sich so in der Debatte um die neuen Gesetzesentwürfe für oder gegen Abtreibung engagieren. Ich meine, die werden doch ganz bestimmt nicht schwanger! Dann gibt es wieder andere, denen es vor allem um die Freiheit der Frau geht. So wie sich eine Frau sexuell austoben darf oder sogar soll und Ehebruch etwas durchaus Normales, ja etwas Gewolltes wird, so darf und soll die Frau selbst bestimmen, ob sie ihr Kind haben möchte oder nicht. Verhütung ist heutzutage zwar ziemlich sicher, und in unserem Land bekommt man alles einschließlich der Pille kostenlos, aber immer noch gibt es unerklärlicherweise viele ungewollte Schwangerschaften. Und dann gibt es noch die ganz anderen, denen es auch um das ungeborene Baby geht und die die Entscheidungsfreiheit schätzen, die aber auch irgendwie Grenzen ziehen wollen. Das Ganze ist ungeheuer komplex. Jesus jedenfalls hat eine Haltung, die schwer zu finden ist unter seinen Nachfolgern. Es ist ja keineswegs so, als sei ihm einfach gleichgültig, wie die Frau sich verhält. Er ermahnt sie ja, in Zukunft anders zu leben, darauf zu achten, nicht noch einmal in so eine Situation zu kommen. Die Geschichte ist also ganz bestimmt kein Freischein für ‹Unmoral› oder eine indirekte Aufmunterung, die Ehe zu brechen; Jesus selbst hat das Gesetz sehr geliebt und schützt die Ehe. Das Wichtigste für mich ist, daß er diese Frau persönlich ansieht und nicht kategorisch verurteilt. Außerdem spricht er auch mit den Pharisäern. Er bekämpft sie nicht inhaltlich. Das wundert mich im ersten Moment.

Dann denke ich, daß es Jesus mehr um den Ton geht, die Art, wie sie mit der Frau umgehen. Daß es ihnen darum geht, recht zu haben und Jesus ins Unrecht zu setzen. Und ehrlich gesagt, ist es auch das, was mich an der momentanen Debatte um das Thema Abtreibung am meisten stört. Daß die Menschen verschiedener Positionen nicht miteinander sprechen, sondern Pauschalurteile auf Plakate schreiben und damit demonstrieren gehen. Ein Priester hielt neulich eine Rede, die im Fernsehen ausgestrahlt wurde. Er erzählte von einer Frau, die gerne eine süße kleine Tochter haben wollte. Ihr Arzt sagte ihr, daß sie einen Jungen erwarte. Da ist sie nach Europa geflogen und hat das Kind abtreiben lassen. Der Priester sagte, daß diese Frau später eine schlimme Krise durchmachte, als ihr klar wurde, daß sie ein Kind ermordet hatte. Ich weiß nicht, inwieweit das ein typisches Beispiel für die weiße Gesellschaft ist, aber eine schwarze Geschichte ist es ganz bestimmt nicht. Abtreibung, was immer man darüber denken mag, bedeutet für weiße etwas anderes als für schwarze Frauen. Wenn in meinem Township eine Frau schwanger wird, ist sie im Durchschnitt sehr viel jünger als eine weiße Frau mit ihrer ersten Schwangerschaft. Wenn es nicht ihr erstes Kind ist, dann hat sie vielleicht schon zwei, oder vier, oder sechs Kinder. Eine weiße Frau hat nie so viele Kinder. Sie weiß mehr über Verhütung und bekommt mehr Unterstützung von ihrem Mann; die gesellschaftliche Norm zwingt sie, nicht mehr als höchstens drei Kinder zu haben. Unsere Normen sind da ganz anders. Wenn eine schwarze Frau nun überlegen sollte, daß sie eine Abtreibung möchte, dann wird sie sich jedenfalls nicht in eine nette Privatklinik nach England fliegen lassen, ihren Freunden erzählen, daß sie Urlaub mache, und nach zwei Wochen gesund und munter wiederkommen. Nein, eine schwarze Frau wird höchstens über eine ‹Backstreet›-Abtreibung nachdenken. Und wenn sie sich darauf einläßt, muß sie schon sehr verzweifelt sein. Denn sie weiß, daß viele Frauen an den Folgen eines solchen Eingriffs gestorben sind, an Blutvergiftung zum Beispiel. Viele haben später keine Kinder mehr bekommen können; einige waren froh darüber, andere waren noch zu jung, um es verstehen zu können, wieder andere wurden von ihren Männern weggejagt. Eine Backstreet-Abtreibung machst du nur, wenn du wirklich nicht mehr weiterweißt. Weil du kein Geld hast, weil deine anderen Kinder schon kaum durchkommen, weil du das Kind durch eine Vergewaltigung bekommen hast, weil du Angst vor deinem Vater oder deinem Verlobten hast oder weil du noch zur Schule gehst und weißt, daß du ohne Abitur und mit einem Kind nie eine Chance haben wirst, aus deinem Dreck rauszukommen.

Ja, das ist eine völlig andere Geschichte als die von der weißen Lady mit dem süßen Töchterchen. Und welcher weiße Priester kennt schon unsere Geschichten? Sie nennen uns ‹Babykiller›. Sie urteilen, statt zu helfen. Und das Beste an der ganzen Geschichte ist deshalb natürlich das Verhalten der Gelehrten. Ich finde Ehebruch auch nicht o.k., aber trotzdem kann ich nicht anders: ich muß grinsen. Diese selbstgerechten Männer, diese angeblich so heiligen Hüter der Ordnung, alle gehen sie weg. Betrübt und kleinlaut, wo sie doch so recht haben. Wollten sie wirklich gerne Steine schmeißen? Ich kann es mir nicht vorstellen, so gemein kann man gar nicht sein. Wie auch immer. Auf einmal geht es nicht mehr um die Frau, die sie ertappt haben. Auf einmal geht es um sie. Und die Geschichte regt natürlich die Phantasie an: Ob die Frommen, die für Mörder die Todesstrafe wollen, nicht auch so manche Leiche im Keller haben? Ob der unverheiratete Priester nicht zuerst seine

Haushälterin wegschicken würde, damit man ihr sein Kind wegmacht? Daß wir alle solche Gedanken denken, in solchen Situationen Dinge planen oder sogar ausführen, die wir für falsch halten, das lehrt uns die Geschichte. Jesus geht es nicht darum, recht zu haben. Er gibt der Frau eine Chance, es in Zukunft besser zu machen. Er vertraut offensichtlich darauf, daß die Frau jetzt aufgewacht ist und nach diesem Schrecken anders leben wird. Er kann nicht kontrollieren oder versichern, daß sie wirklich anders lebt. Das will er auch gar nicht. Er hofft, wie ein Liebender eben hoffen kann, daß die Frau ihre zweite Chance nicht verschenkt, daß sie die Gnade nicht wegwirft. Menschen, deren Tun ich falsch finde, möchte ich gerne mit dieser Hoffnung begegnen.»

Der Mann, der's nicht wert ist

2. Samuel 6, 14-16

Und David tanzte mit aller Macht vor dem Herrn her und war umgürtet mit einem leinenen Priesterschurz. Und David mit dem ganzen Hause Israel führte die Lade des Herrn herauf mit Jauchzen und Posaunenschall. Und als die Lade des Herrn in die Stadt Davids kam, guckte Michal, die Tochter Sauls, durchs Fenster und sah den König David springen und tanzen vor dem Herrn und verachtete ihn in ihrem Herzen.

Cynthia: «Wie lange es manchmal dauert, bis wir Frauen schlau werden! Was hatte Michal nicht schon alles mitgemacht! Nachdem ich eine Predigt über diesen Text gehört hatte, in der Michal sehr schlecht wegkam und mit ihr die Frauen im allgemeinen, habe ich mich hingesetzt und versucht, herauszufinden, wer diese Michal eigentlich ist.

Wenn ich mich ärgere über eine Auslegung, dann gucke ich nach und lese und frage. In meiner Kirche dürfen Frauen nicht predigen. Aber ich schaffe es auch so, meine Erkenntnisse weiterzugeben, keine Sorge. Heute zum Beispiel möchte ich euch mitteilen, was ich bei der Suche nach Michal gelernt habe. Es heißt nämlich, daß Michal David sehr liebhatte (1. Samuel 18,20). Ich meine, ich bin selber jung und frisch verliebt, und so ein Satz regt natürlich meine Phantasie an. Vernarrt war sie in den schönen jungen Mann. Aber, großes Unglück: Saul verspricht dem David seine älteste Tochter Merab. Es ist wie im Film, Michal hat Liebeskummer, ist auf ihre Schwester eifersüchtig und auf ihren Vater zornig und kann doch nichts tun. Aber es kommt noch schlimmer: Die versprochene Älteste wird einem anderen gegeben, und da es Papa Saul gut in seine Pläne paßte und David auch nichts dagegen hatte, der Schwiegersohn des Königs zu werden, wurde dann doch Michal Davids Frau.
Hier könnte das große Glück beginnen. Aber David ist mit sich selbst, mit Kämpfen und Intrigen beschäftigt. Dank Michals Hilfe kann er einem Haßanschlag Sauls entkommen. Ja, sie wendet sich gegen ihren Vater und rettet ihren Liebsten. Der erwidert ihre Gefühle immer noch nicht. Im Gegenteil! Ein paar Kapitel später lesen wir, daß er Abigail begegnet. Nun, das wäre eine Geschichte für einen eigenen Film. Sie nennt ihren Mann einen Idioten, der stirbt am Herzinfarkt, und kurz danach wird Abigail Davids Frau.
Wie hat sich Michal wohl gefühlt, als sie ihren Mann auf einmal teilen mußte? Lange nachdenken kann sie gar nicht, denn ihr Vater gibt sie einem anderen zur Frau. Was der Paltiel für einer war, wissen wir nicht. Jedenfalls muß er wohl an Michal gehangen haben, denn nach Sauls Tod möchte David seine Michal wiederhaben, und da weint

Paltiel sehr. David übrigens spricht immer noch nicht von Liebe, er begründet seine plötzliche Sehnsucht nach Michal vielmehr damit, daß er schließlich 100 Philister für sie getötet habe. Das war Sauls Preis gewesen. Schöne Liebeserklärung. Das Ganze macht mich wütend. Kurz vor der Geschichte mit der Bundeslade wird dann noch berichtet, daß David noch mehr Frauen und Nebenfrauen nahm (2. Samuel 5,13) und noch mehr Söhne und Töchter bekam; nur mit Michal hatte er kein Kind. Ja, und als ich das dann alles wußte, da konnte ich Michal nicht mehr verurteilen dafür, daß sie David verachtete. Eigentlich ging es mir eher ähnlich wie ihr. Ich fand den feinen König auf einmal mehr als unsympathisch. Na, er war wohl ein Sohn seiner Zeit; aber trotzdem. Als Michal auf einmal sah, daß der Mann, den sie seit ihrer Jugend begehrte und liebte und der sich ihr noch nie zärtlich oder offen gezeigt hatte, vor dem ganzen Volk fast nackt tanzte und seinen Gefühlen freien Lauf ließ, da merkte sie schließlich und endlich: Der ist es nicht wert! Ich komme mit meinen Bedürfnissen in seinem Leben gar nicht vor.
Leider wissen wir nicht, wie es mit ihr weiterging. Wir wissen nur, daß sie in vielen Predigten als schlechtes Beispiel dienen muß und immer wieder Gläubige verächtlich über sie geurteilt haben. Damit zumindest können wir endgültig Schluß machen, indem wir ihre ganze Geschichte erzählen.»

Die ewige Doppelmoral

1. Mose 38,11-18 und 24-26

Da sprach Juda zu seiner Schwiegertochter Tamar: Bleibe eine Witwe in deines Vaters Hause, bis mein Sohn Schela groß wird. Denn er dachte, vielleicht würde der auch ster-

ben wie seine Brüder. So ging Tamar hin und blieb in ihres Vaters Hause. Als nun viele Tage verlaufen waren, starb Judas Frau, die Tochter des Schua. Und nachdem Juda ausgetrauert hatte, ging er hinauf, seine Schafe zu scheren, nach Timna (...). Da wurde der Tamar gesagt: Siehe, dein Schwiegervater geht hinauf nach Timna, seine Schafe zu scheren. Da legte sie die Witwenkleider von sich, die sie trug, deckte sich mit einem Schleier und verhüllte sich und setzte sich vor das Tor von Enajim an dem Wege nach Timna; denn sie hatte gesehen, daß Schela groß geworden war, aber sie wurde ihm nicht zur Frau gegeben. Als Juda sie nun sah, meinte er, es wäre eine Hure, denn sie hatte ihr Angesicht verdeckt. Und er machte sich zu ihr am Wege und sprach: Laß mich doch zu dir kommen; denn er wußte nicht, daß es seine Schwiegertochter war. Sie antwortete: Was willst du mir geben, wenn du zu mir kommst? Er sprach: Ich will dir einen Ziegenbock von der Herde senden. Sie antwortete: So gib mir ein Pfand, bis du ihn mir sendest. Er sprach: Was willst du für ein Pfand, das ich dir geben soll? Sie antwortete: Dein Siegel und deine Schnur und deinen Stab, den du in der Hand hast. Da gab er's ihr und kam zu ihr; und sie ward von ihm schwanger. (...) Nach drei Monaten wurde Juda angesagt: Deine Schwiegertochter Tamar hat Hurerei getrieben; und siehe, sie ist davon schwanger geworden. Juda sprach: Führt sie heraus, daß sie verbrannt werde. Und als man sie hinausführte, schickte sie zu ihrem Schwiegervater und sprach: Von dem Mann bin ich schwanger, dem dies gehört. Und sie sprach: Erkennst du auch, wem dies Siegel und diese Schnur und dieser Stab gehören? Juda erkannte es und sprach: Sie ist gerechter als ich; denn ich habe sie meinem Sohn Schela nicht gegeben.

Lindiwe: «Die Bibel erzählt Geschichten aus dem wahren Leben. Diese Doppelmoral herrscht auch bei uns. Die Frau soll verbrannt werden, eine schwangere Frau, aber niemand kommt auf den Gedanken, nach dem schuldigen Mann zu suchen. Keiner fragt nach ihm. Sie ist schuld, die

Frau ist die Sünde. Bei uns werden Frauen, die schwanger werden, ohne verheiratet zu sein, in der Kirche öffentlich ausgefragt und angeklagt. Männern würde man so etwas nie antun. Eine Frau ohne Kinder ist auch bei uns immer noch ein Nichts. Das habe ich selbst erlebt. Erst durch Kinder, am besten Söhne, werden wir zu richtigen Menschen und bekommen Anerkennung. Als mein Mann und ich keine Kinder bekommen konnten, gab jeder mir die Schuld daran. Ich weiß, daß nicht nur Frauen unfruchtbar sein können, meine Ärztin und ich haben uns lange darüber unterhalten. Trotzdem kam niemand in meiner Familie auf die Idee, mein Mann könne vielleicht auch etwas damit zu tun haben. Als ich schließlich doch schwanger wurde, war das ein sehr gutes Gefühl. Mein Mann war auf einmal sehr liebevoll. Meine Schwiegermutter hat mich wieder mit mehr Respekt behandelt. Als ich dann eine Tochter zur Welt brachte, hat man meinem Mann geraten, sich von mir scheiden zu lassen und eine bessere Frau zu suchen. Ich habe sehr darunter gelitten. Auch wenn ich mich selbst nicht nur über meine Kinder definiere und ich genau weiß, daß mein Wert als Mensch nicht davon abhängt, wie viele Söhne ich geboren habe, ist es unmöglich, mit dem Druck der Gesellschaft, der Familie, der Tradition glücklich zu werden, wenn man ihre Erwartungen nicht erfüllt. So ist es Tamar wohl auch ergangen. Die Männer werden ausgeklammert, sie trifft wie in der Geschichte offiziell keine Schuld. Ich würde in meiner Kirche gerne eine Predigt über diese Geschichte hören. Die Frauen würden sicherlich leise lächeln und sich gegenseitig zublinzeln, die Männer fänden sie bestimmt nicht so lustig.

Die Geschichte zeigt mir aber auch, wie klug Frauen sein können. In ihrer Abhängigkeit können sie doch Entscheidungen fällen, unkonventionell und mutig. Diese schreckliche Geschichte macht mir deshalb Mut, denn Tamar geht ihren Weg und bekommt schließlich sogar Zwillinge. Für meine Situation als schwarze Frau und als eine der Armen in Südafrika lerne ich deshalb, mich nicht aufzugeben. Mit allen Tricks hat Tamar um ihr Recht gekämpft und ist ganz am Ende die lachende Siegerin. Wir gucken uns an und denken: ‹Na, da wollen wir doch mal sehen, wer am Ende noch lachen kann. Ob es den Starken nicht irgendwann vergehen wird oder im Hals stecken bleibt!› Ein bißchen hämisch ist das schon, aber ich habe ja sonst nicht viel zu lachen. Juda muß erkennen und offen zugeben, daß er im Unrecht war. Am Ende steht er als Feigling da und als einer, der mit zweierlei Maß mißt. Es freut mich, daß die Wahrheit letztlich doch ans Licht kam. Der Nachgeschmack der Geschichte ist nicht bitter, nach dieser Geschichte bleibt so ein Glucksen, ein kleines Lachen.»

Ruhmgeschichten auf einen König

2. Samuel 11,2-17 und 26-27

Und es begab sich, daß David um den Abend aufstand von seinem Lager und sich auf dem Dach des Königshauses erging; da sah er vom Dach aus eine Frau sich waschen; und die Frau war von sehr schöner Gestalt. Und David sandte hin und ließ nach der Frau fragen, und man sagte: Das ist doch Batseba, die Tochter Eliams, die Frau Urias, des Hetiters. Und David sandte Boten hin und ließ sie holen. Und als sie zu ihm kam, wohnte er ihr bei; sie aber hatte sich gerade gereinigt von ihrer Unreinheit. Und sie kehrte in ihr Haus zurück. Und die Frau ward schwanger und sandte hin und ließ David sagen: Ich bin schwanger geworden. David aber sandte zu Joab: Sende zu mir Uria, den Hetiter. Und Joab sandte Uria zu David. Und als Uria zu ihm kam, fragte Da-

vid, ob es mit Joab und mit dem Heer und mit dem Krieg gut stünde. Und David sprach zu Uria: Geh hinab in dein Haus und wasch deine Füße. Und als Uria aus des Königs Haus hinausging, wurde ihm ein Geschenk des Königs nachgetragen. Aber Uria legte sich schlafen vor der Tür des Königshauses, wo alle Kriegsleute seines Herrn lagen, und ging nicht hinab in sein Haus. Als man aber David ansagte: Uria ist nicht hinab in sein Haus gegangen, sprach David zu ihm: Bist du nicht von weither gekommen? Warum bist du nicht hinab in dein Haus gegangen? Uria aber sprach zu David: Die Lade und Israel und Juda wohnen in Zelten, und Joab, mein Herr, und meines Herrn Kriegsleute liegen auf freiem Felde, und ich sollte in mein Haus gehen, um zu essen und zu trinken und bei meinem Weibe zu liegen? So wahr der Herr lebt und so wahr du lebst: ich tue so etwas nicht. David sprach zu Uria: Bleib heute hier, morgen will ich dich gehen lassen. So blieb Uria in Jerusalem an diesem Tage und auch am nächsten. Und David lud ihn ein, so daß er bei ihm aß und trank, und machte ihn betrunken. Aber am Abend ging er hinaus, um sich schlafen zu legen auf sein Lager bei den Männern seines Herrn, und ging nicht hinab in sein Haus. Am andern Morgen schrieb David einen Brief an Joab und sandte ihn durch Uria. Er schrieb aber in dem Brief: Stellt Uria vornehin, wo der Kampf am härtesten ist, und zieht euch hinter ihm zurück, daß er erschlagen werde und sterbe. Als nun Joab die Stadt belagerte, stellte er Uria dorthin, wo er wußte, daß streitbare Männer standen. Und als die Männer der Stadt einen Ausfall machten und mit Joab kämpften, fielen einige vom Volk, von den Männern Davids, und Uria, der Hetiter, starb auch. (...)
Und als Urias Frau hörte, daß ihr Mann Uria tot war, hielt sie die Totenklage um ihren Eheherrn. Sobald sie aber ausgetrauert hatte, sandte David hin und ließ sie in sein Haus holen, und sie wurde seine Frau und gebar ihm einen Sohn. Aber dem Herrn mißfiel die Tat, die David getan hatte.

Debora: «Na, jedenfalls nimmt die Bibel kein Blatt vor den Mund, selbst dann nicht, wenn es um majestätische Hauptpersonen geht. Da könnte sich so manches Geschichtsbuch ein Beispiel dran nehmen. Die Geschichte unseres Landes ist oft so einseitig dargestellt worden. Die Weißen kommen dabei immer gut weg. Wir Schwarzen sind die ‹Nigger›, primitiv und gefährlich, faul und dumm. Die Herren sind im Recht, und die Opfer werden gar nicht erst erwähnt. Da gefällt es mir schon besser, daß nichts Beschönigendes erfunden oder Unangenehmes einfach gestrichen wird. Selbst über König David erfahren wir hier ganz selbstverständlich die volle Wahrheit. Er ist ein Mörder und Ehebrecher. Er plant ganz hinterhältig, den Ehemann seiner Geliebten zu beseitigen. Das sind schlichtweg richtige Gangstermethoden wie im Film. Vielleicht war das aber auch einfach schon immer üblich in der hohen Politik. Heute wird wahrscheinlich einiges mehr verschleiert.»
Betty: «Ich werde den Eindruck nicht los, daß Batseba das alles geplant hat. Natürlich ist David aktiv beteiligt, aber Batsebas Verhalten macht mich mißtrauisch. Diese komische Andeutung von ihrer Unreinheit. Vielleicht wollte sie immer schon gerne Königin werden, oder sie hatte sich in David verliebt. Solche romantischen Träume kennen wir doch alle. Und da hat sie eine günstige Phase in ihrem Zyklus abgewartet, wo sie so gut wie sicher sein konnte, fruchtbar zu sein, empfänglich für einen kleinen Prinzen. Sie hat sich auf dem Dach, wo David sie einfach sehen mußte, gewaschen und ihre schöne Gestalt, na sagen wir, nicht gerade verhüllt, und schon war's passiert. Und schon ein paar Wochen später konnte sie dem König mitteilen, daß sie ein Kind erwartet. Vielleicht war selbst der Mordplan von ihr, oder sie haben ihn sich zusammen ausgedacht. David jedenfalls ist das Ganze schon irgendwie

peinlich. Erst lädt er Uria ein, tischt ihm was Gutes zu trinken und zu essen auf, redet ganz kameradschaftlich und versucht ihn dann zu überreden, doch zu seiner Frau zu gehen. Die letzte Chance sozusagen, daß alles vertuscht werden könnte. Uria würde denken, daß das Kind von ihm ist. Aber der Plan geht nicht auf. Vielleicht ist Uria mißtrauisch geworden angesichts der plötzlichen Vertrautheit und der überraschenden Geschenke. Er ist nicht so blöd, wie Batseba und David dachten. Vielleicht hatte er schon mitbekommen, wie seine Frau dem König Blicke zugeworfen hatte, oder sie hatte schon andere Affären gehabt? Jedenfalls will er sich nichts nachsagen lassen und ist ganz der pflichtbewußte, treu ergebene Diener und Soldat. Und deshalb muß er sterben, weil er stört. Und damit geht die Rechnung auf. Am Ende siegen die Mörder.»

Debora: «Und trotzdem: David zumindest scheint ja ehrlich zu bereuen, was er getan hat. Auch unsere Regierenden haben Menschen umbringen lassen. Einige haben das offen zugegeben. Sie haben sich entschuldigt. So platt es sich anhören mag: Das Leben geht nun mal weiter. Trotz Schuld, trotz kleiner Schwächen und großer Grausamkeiten. Das ist doch eigentlich eine sehr gesunde Haltung. Wieder zu essen und zu trinken, zu heiraten, nach dem Tod des ersten Kindes ein neues haben. Vergebung anzunehmen und darauf zu vertrauen, daß Gott nicht für immer will, daß sein Freund David sich in Sack und Asche hüllt. Wir werden nicht weiterkommen, wenn wir uns nicht alle zusammen für das Leben entscheiden und gemeinsam versuchen, das Beste aus unserer Geschichte zu machen. Jesus wird später der Sohn Davids genannt. Die Geschichte geht gut aus. Am Ende warten noch jede Menge Überraschungen auf uns.»

Betty: «Ein blödes Gefühl bleibt bei mir. Daß ein Mörder

einfach so entscheidet, daß er jetzt genug getrauert und bereut hat und das Leben wieder genießen möchte, will mir nicht in den Kopf. Das ist zu einfach. Er darf das nicht so entscheiden. Trotzdem versuche ich zu verstehen, daß nicht unbedingt Davids und Batsebas Skrupellosigkeit der Grund für ihre neue Lebensfreude ist, sondern ihr Vertrauen auf Gnade. Das könnte ich akzeptieren.»

Freundinnen

Wir sind nicht besoffen

1. Samuel 1, 1-17

Es war ein Mann, der hieß Elkana. Und er hatte zwei Frauen; die eine hieß Hanna, die andere Peninna. Peninna aber hatte Kinder, und Hanna hatte keine Kinder. (...) Und Peninna kränkte und reizte Hanna sehr, weil der Herr ihren Leib verschlossen hatte. Dann weinte Hanna und aß nichts. (...) Da stand Hanna auf. Eli aber, der Priester, saß auf einem Stuhl am Türpfosten des Tempels des Herrn. Und sie war von Herzen betrübt und betete zum Herrn und weinte sehr und gelobte ein Gelübde und sprach: Herr Zebaoth, wirst du das Elend deiner Magd ansehen und an mich gedenken und deiner Magd nicht vergessen und wirst du deiner Magd einen Sohn geben, so will ich ihn dem Herrn geben. Und als sie lange betete vor dem Herrn, achtete Eli auf ihren Mund; denn Hanna redete in ihrem Herzen, nur ihre Lippen bewegten sich, ihre Stimme aber hörte man nicht. Da meinte Eli, sie wäre betrunken, und sprach zu ihr: Wie lange willst du betrunken sein? Gib den Wein von dir, den du getrunken hast! Hanna aber antwortete und sprach: Nein, mein Herr! Ich bin ein betrübtes Weib; Wein und starkes Getränk hab ich nicht getrunken, sondern mein Herz vor dem Herrn ausgeschüttet. Eli antwortete: Geh hin mit Frieden; der Gott Israels wird dir die Bitte erfüllen, die du an ihn gerichtet hast.

Cathy sagt: «Ich bin Mitglied in einem Ausschuß für Frauenfragen einer kirchlichen Organisation. Unser Ausschuß hat keine leichte Aufgabe, wenn auch eine wunderschöne: Wir arbeiten zusammen mit Frauen, mit Christinnen, diskutieren über gesellschaftspolitische, kirchliche und persönliche Fragen und Probleme und versuchen, praktische

Antworten darauf zu finden. Diese Geschichte ist mir sehr wichtig, denn sie ist das Leitmotiv für mein Engagement geworden. Wie oft kommt ein Priester daher und meint, wir seien betrunken! Mit einer kurzen Killerphrase haben Pastoren, Leiter und Brüder uns oft vorschnell in eine Ecke gedrängt. Wenn ich für Mandela gebetet habe, hat man mich in meiner Kirche ‹Kommunistin› genannt. Wenn ich von Frauenbefreiung rede, nennt man mich ‹Feministin›. ‹Du bist wohl verrückt geworden. Betrunken. Irre!› Ein Stempel wurde uns manches Mal aufgedrückt, um uns mundtot zu machen. Dann bekam ich wie Hanna keinen Bissen mehr herunter. ‹Du bist eine Emanze, die ihre Kultur verrät, eine Schwester, die die Bibel nicht ernst nimmt.› Ein betrunkenes Weib sah der Priester Eli auf den ersten Blick. Aber ich habe wie Hanna die schöne Erfahrung gemacht, daß man uns am Ende doch verstand, wenn wir ruhig und geduldig erklärten, um was es uns geht, wenn wir unsere Anliegen und Gebete, Wünsche und Hoffnungen, Geschichten, Erfahrungen und Nöte mitteilten. So mancher Priester hat wie Eli seinen Segen gegeben zu dem, was wir tun. Viele Brüder haben mit und für uns gebetet. Und wir haben immer gewußt: sollten unsere Gebete erhört werden und unser Frauenprogramm erfolgreich sein, sollten wir erleben, daß wir wachsen und lernen dürfen, dann wollen wir es gerne Gott zurückgeben. Wie Hanna. Und Gott soll etwas nach seinem Sinne daraus machen. Ich lerne auch etwas davon, daß Hanna jedes Jahr wieder nach Silo geht, um Samuel ein neues Oberkleid zu bringen. Es ist wichtig zu sehen, daß die Teilnehmerinnen unseres Programms wachsen. Was uns letztes Jahr paßte, ist uns heute vielleicht eine Nummer zu klein. Es ist gut, daß sich unser Programm verändert. Es wird erwachsener, wie der kleine Samuel. Wir dürfen nicht stehenbleiben. Auch das hat Hanna verstanden.»

Unser Neid ist echtes Gift

1. Mose 16,1-7 und 13

Sarai, Abrams Frau, gebar ihm kein Kind. Sie hatte aber eine ägyptische Magd, die hieß Hagar. Und Sarai sprach zu Abram: Siehe, der Herr hat mich verschlossen, daß ich nicht gebären kann. Geh doch zu meiner Magd, ob ich vielleicht durch sie zu einem Sohn komme. Und Abram gehorchte der Stimme Sarais. Und er ging zu Hagar, die ward schwanger. Als sie nun sah, daß sie schwanger war, achtete sie ihre Herrin gering. Da sprach Sarai zu Abram: Das Unrecht, das mir geschieht, komme über dich! Ich habe meine Magd dir in die Arme gegeben; nun sie aber sieht, daß sie schwanger geworden ist, bin ich geringgeachtet in ihren Augen. Abram aber sprach zu Sarai: Siehe, deine Magd ist unter deiner Gewalt; tu mit ihr, wie dir's gefällt. Als nun Sarai sie demütigen wollte, floh sie von ihr. Aber der Engel des Herrn fand sie. (...) Und Hagar nannte den Namen des Herrn, der mit ihr redete: Du bist ein Gott, der mich sieht.

Anne: «Eine schmerzliche Erfahrung ist, daß wir Frauen uns gegenseitig das Leben schwermachen, statt zusammenzuhalten. Ganz oft bestimmen Eifersucht und Neid unsere Beziehungen. Und dieser Neid ist echtes Gift. Das ist auch unter Schwestern und Freundinnen, Frauen der gleichen Hautfarbe so. Nachbarinnen und Schwestern vergleichen sich miteinander und werden schnell eifersüchtig aufeinander. Wer hat die bessere Figur, die nettesten Kinder und den aufmerksamsten Ehemann? Wer hat die teuersten Möbel, das größte Haus, das schnellste Auto? Wer schafft es, auf der Karriereleiter raufzuklettern? Noch schlimmer ist es natürlich zwischen weißen und schwarzen Frauen, deren Beziehung von Apartheid, dem grausamen System der Rassentrennung, verdorben ist. Wir wissen, daß auch weiße Frauen klein gehalten werden – von

ihren Männern. Obwohl sie daher eigentlich wissen müßten, wie schlimm und verletzend Diskriminierung ist, helfen uns die meisten nicht. Manch eine weiße Frau ist nett und freundlich zu ihrem Dienstmädchen oder der Nanny ihrer Kinder, sie gibt ihr manchmal vielleicht einen Sack Reis als Geschenk, redet nicht mit ihr von oben herab, sondern mit etwas Respekt. Ich habe aber gehört, wie viele weiße Frauen, die in Einzelfällen schon mal so nett sind, ganz anders redeten, als es zu den Wahlen kam. ‹Jetzt müssen wir zusammenhalten. Gegen die Schwarzen.› Wenn es wirklich um Macht geht, dann ist man sich doch wieder selbst die Nächste. Schlimm ist das. Ich identifiziere mich in dieser Geschichte nicht mit Sarai, sondern mit Hagar, weil ich schwarz bin und eine Afrikanerin wie sie. Meine Vorfahren waren Sklaven wie Hagar, und meine Mutter lebte als Dienstmädchen im Haus einer reichen weißen Frau. Ich verstehe die Geschichte nicht ganz, Gott ist doch eigentlich einer, der aus Sklaverei befreit. Warum sagt er zu Hagar, sie solle zurück zu ihrer Herrin gehen und sich demütigen?
Aber wie auch immer – die Geschichte macht mir sehr viel Mut. Denn Hagar gehört am Ende zu den wenigen, die Gott einen Namen geben. Und was für einen schönen! ‹Der Lebendige, der mich sieht.› Trotz allem erfährt sie, daß Gott sie persönlich kennt und im Blick hat. Die Erfahrung mache ich bei aller Unfreiheit auch. Laßt mich noch ausmalen, wie ich mir das Verhältnis von Frauen untereinander vorstelle. Ich habe nämlich den tiefen Wunsch, daß es besser sein könnte als in dieser Geschichte. Zwischen Schwestern und zwischen allen Menschen. Als Brigalia Bam Generalsekretärin des Südafrikanischen Kirchenrates wurde, da haben wir uns alle mitgefreut. Zum ersten Mal wird eine Frau an der Spitze dieser renommierten Einrichtung ste-

hen, noch dazu eine Laiin und keine Theologin. (Wie hieß es immer so schön? Eine Nicht-Theologin und, ja, fast erwartete man das Wort Nicht-Männin – so sehr weicht sie eben von der Norm ab.) Viele Frauenorganisationen – nicht nur die christlichen, und unter den kirchlichen Frauen nicht nur die aus einem Lager – haben gesagt: Wir müssen sie unterstützen. Sie muß gut sein, Erfolg haben. Sonst fällt es auf uns alle zurück. Wir haben gemerkt: Neid wäre jetzt tödlich. Streitereien um das, was uns scheinbar trennt, sind zunächst wirklich nicht wichtig, und nie dürfen sie vorrangig sein. Das ist für mich ein positives Beispiel von Geschwisterlichkeit: miteinander dafür sorgen, daß wir alle unseren Beitrag leisten und gut werden!»

Ach, Maria, meine Liebste

Lukas 1,26-31.34-35 und 38

Und der Engel Gabriel wurde von Gott gesandt in eine Stadt in Galiläa, die heißt Nazareth, zu einer Jungfrau, die vertraut war einem Mann mit Namen Josef vom Hause David; und die Jungfrau hieß Maria. Und der Engel kam zu ihr hinein und sprach: Sei gegrüßt, du Begnadete! Der Herr ist mit dir! Sie aber erschrak über die Rede und dachte: Welch ein Gruß ist das? Und der Engel sprach zu ihr: Fürchte dich nicht, Maria, du hast Gnade bei Gott gefunden. Siehe, du wirst schwanger werden und einen Sohn gebären, und du sollst ihm den Namen Jesus geben. Da sprach Maria zu dem Engel: Wie soll das zugehen, da ich doch von keinem Mann weiß? Der Engel antwortete und sprach zu ihr: Der heilige Geist wird über dich kommen, und die Kraft des Höchsten wird dich überschatten; darum wird auch das Heilige, das geboren wird, Gottes Sohn genannt werden. Maria aber sprach: Siehe, ich bin des Herrn Magd; mir geschehe, wie du gesagt hast.

Ndumi: «Als ich schwanger wurde, war ich 15 Jahre alt, und ehrlich: ich wußte nicht, wie es passiert war; ich war nicht aufgeklärt. Die Schule ist in den letzten Jahren immer wieder ausgefallen, wir haben demonstriert, die Lehrer haben gestreikt, sie wurden nicht richtig bezahlt, und es gab keine Bücher. Meinen eigenen Vater kenne ich nicht, ich lebe mit meiner Mutter und meinen Geschwistern in einer kleinen Hütte. Als ich merkte, daß ich schwanger war, war ich schockiert und zu Tode erschrocken.
Ich liebe Maria, und sie ist ein großes Vorbild für mich. Ich stelle mir immer vor, wie entsetzt sie war, als der Engel sie aus ihrer Ecke herausgerufen hat. Ein kleines Mädchen, eine Jüdin, eine unbedeutende Frau in einem unterdrückten Volk. Sie wird angesprochen und für etwas ganz Großartiges gebraucht. Bestimmt hat man auch hinter ihrem Rücken über sie geredet, und ihre Mutter hat sich für sie geschämt, bestimmt war es alles ganz peinlich, und sie konnte es nicht richtig erklären. Genau wie bei mir. Mein großer Bruder hat einige Wochen lang kein Wort mit mir gewechselt. Meine Mutter war sehr enttäuscht und hatte immer Tränen in den Augen, wenn sie mich ansah. Ich habe mich schlecht gefühlt und einsam.
Maria ist es bestimmt ähnlich ergangen. Aber sie wurde trotzdem ‹begnadet› genannt – dabei hatte ich bisher immer gedacht, begnadet seien die Starken, die Reichen, die Erfolgreichen, die alles richtig machen. Jetzt gehöre ich vielleicht auch zu den Begnadeten. Denn wie Maria bringe ich Jesus in die Welt zu den Menschen. Ich bin Christin und ‹trage› Jesus dahin, wo man ihn braucht.
Immer wieder hat man Maria zu etwas ganz Besonderem gemacht, zu einer Jungfrau und Heiligen, so weit weg von uns normalen Menschen. Die Kirche konnte wohl nicht glauben, daß Gott so eine einfache Frau beteiligt und ernst

nimmt. Ich glaube, sie war arm wie wir und vielleicht auch schüchtern, aber in dem, was sie tat, sehr bestimmt. Sie war nicht gebildet oder edel, sie war eine aus dem Volk. Wie ich. Ich bin nicht katholisch, aber ich finde es sehr verständlich, daß immer wieder Menschen zu Maria gebetet haben. Ich meine, so großzügig sollten wir schon sein, daß wir glauben, daß Gott ihre Gebete gehört hat.
Einer Frau wie Maria kann man leicht sein Herz ausschütten. Wie viele junge Frauen, die ungewollt schwanger waren, haben sich lieber an sie gewandt als an ihren Vater-Gott. Diese Gebete sind nicht verloren. In Marias mütterlichen Armen, in ihren jugendlichen Händen sind sie gut aufgehoben. In ihrem Herzen, das Angst, Enttäuschung, Trauer und Scham kennt, so wie wir, hat sie immer schon alle kostbaren Gedanken, die ihr anvertraut wurden, bewegt. Das macht sie stark und mich mit ihr. Das macht sie zu einer Mutter – Jesu, der Menschen, Gottes. Zu einer Prophetin, die voraussieht, daß die Armen aufgerichtet werden und die Hochmütigen am Ende fallen müssen. Manchmal möchte ich seufzen: Ach, Maria, meine Liebste, du bist mir so nah, so ähnlich und vertraut – wie schön, daß wir so reden können.»

Mutig wie fünf Schwestern

4. Mose 27,1-8

Und die Töchter Zelofhads mit Namen Machla, Noa, Hogla, Milka und Tirza kamen herzu und traten vor Mose und vor Eleasar, den Priester, und vor die Stammesfürsten und die ganze Gemeinde vor der Tür der Stiftshütte und sprachen: Unser Vater ist gestorben in der Wüste (...) und hatte keine Söhne. Warum soll denn unseres Vaters Name in seinem Geschlecht untergehen, weil er keinen

Sohn hat? Gebt uns auch ein Erbgut unter den Brüdern unseres Vaters. Mose brachte ihre Sache vor den Herrn. Und der Herr sprach zu ihm: Die Töchter Zelofhads haben recht geredet. Du sollst ihnen ein Erbgut unter den Brüdern ihres Vaters geben und sollst ihres Vaters Erbe ihnen zuwenden. Und sage den Israeliten: Wenn jemand stirbt und keinen Sohn hat, so sollt ihr sein Erbe seiner Tochter zuwenden.

«So was steht in der Bibel?» fragt Gladys wütend und ungläubig. «Davon hat uns noch nie jemand etwas erzählt. Wir kennen alle möglichen Mosegeschichten, aber diese wurde mir noch nie vorgelesen oder gepredigt. Es ist ja auch eine unglaubliche Sache! Töchter, die erben wollen. Wo kämen wir denn da hin? Ich habe es in meiner Familie erlebt: als mein Vater starb, gingen unser Haus und unser Besitz an seinen Bruder. Meine Mutter hatte großes Glück, denn sie durfte in dem Haus wohnen bleiben und wurde versorgt von der Familie ihres Mannes. Aber das ist längst nicht selbstverständlich. Nicht nur, daß meine Mutter wie jede andere Frau nicht erbt und der älteste Sohn oder der nächste männliche Verwandte alles bekommt, meist müssen die Frauen, wenn sie Witwen werden, zu ihren eigenen Eltern zurückkehren. Sie müssen wieder Tochter werden und haben kein Recht, die Frau eines Hauses zu sein.
Die Geschichte haut mich um. Wie toll, daß Machla, Noa und die anderen so mutig waren und überhaupt gefragt haben. Wir Frauen haben uns doch daran gewöhnt, daß wir zu kurz kommen, und versuchen oft schon nicht einmal mehr, an unserem Schicksal etwas zu ändern. Manch eine bittet vielleicht ihren Sohn, bei ihm bleiben zu können. Aber dabei geht es um Mitleid, nicht um Recht!
Es gibt Traditionen wie z.B. Lobola (Brautpreis), die gar nicht in der Bibel vorkommen. Sie haben ihren Ursprung in unserer Kultur, und wir respektieren diese Traditionen. Lo-

bola bedeutet für manche, daß sie jahrelang noch nicht heiraten können, weil der Bräutigam nicht das Geld zusammenbekommt. Ich glaube, daß ursprünglich eine gute Idee hinter Lobola stand. Der zukünftige Ehemann sollte zeigen, daß ihm seine Frau etwas wert ist, daß er sie nicht selbstverständlich einfach an sich nimmt. Er sollte sich seine Frau etwas kosten lassen. Aber leider ist das heute oft nicht mehr im Bewußtsein. Wir Frauen werden geschätzt, um unseren ‹Marktwert› wird gefeilscht. Oh, hübsch und klug und eine Ausbildung – dafür kann man schon was verlangen. Das Geld sollte eigentlich der Frau geschenkt werden – als Versicherung sozusagen. Ja, das wäre wirklich gut! Aber der Preis wird von den Onkeln und dem Vater festgelegt, und die bekommen auch das Geld. Die Tochter wird sozusagen verkauft.
Ich finde es komisch, daß Christen diese Traditionen so ernst nehmen, und noch komischer finde ich, daß sie Geschichten wie diese von Zelofhads Töchtern gar nicht zu kennen scheinen. Die Pastoren und Leiter unserer Kirchen scheinen sich auszusuchen, was sie uns erzählen und was nicht. Sie treffen eine Auswahl, was an unserer Kultur wichtig ist und was als heidnisch abgelehnt werden soll, was von der neuen christlichen Religion angenommen werden muß und was man übergehen kann, so wie diese Geschichte. Ist es nicht auffällig, daß Fruchtbarkeitsriten verboten werden, aber Lobola erhalten bleibt? Haben nicht solche Traditionen überlebt, die den Interessen der Männer dienten? Die Unterordnung der Frau, die das Christentum propagiert, wurde, weil sie so gut in unsere Kultur paßt, gerne akzeptiert, aber die Gleichheit aller vor Gott, ‹weder Sklave noch Freier, weder Mann noch Frau›, bekam in vielen Kirchen gar nicht erst die Chance, zu einem Motto zu werden. Vielleicht ist es kein Zufall, daß gerade in dieser Situation

auf das Drängen der Frauen hin das Erbe ihnen zugesprochen wurde und damit ein allgemeingültiges Erbrecht abgeleitet wurde. Denn sie waren zu fünft. Fünf Schwestern. Das hat sie sicherlich ermutigt. Schwestern, wir sind mehr als fünf! Ich fühle mich heute stark! Ich finde, wir sollten diese Themen vor unsere Leiter und Ältesten bringen, genau wie Machla und Noa es damals getan haben.»

Ein Gedenktag für Frauen

Richter 11,30-40

Und Jeftah gelobte dem Herrn ein Gelübde und sprach: Gibst du die Ammoniter in meine Hand, so soll, was mir aus meiner Haustür entgegengeht, wenn ich von den Ammonitern heil zurückkomme, dem Herrn gehören, und ich will's als Brandopfer darbringen. So zog Jeftah auf die Ammoniter los, um gegen sie zu kämpfen. Und der Herr gab sie in seine Hände. Und er schlug sie mit gewaltigen Schlägen von Aroër an bis hin nach Minnit, zwanzig Städte, und bis nach Abel-Keramim. So wurden die Ammoniter gedemütigt vor den Israeliten. Als nun Jeftah nach Mizpa zu seinem Hause kam, siehe, da geht seine Tochter heraus ihm entgegen mit Pauken und Reigen; und sie war sein einziges Kind, und er hatte sonst keinen Sohn und keine Tochter. Und als er sie sah, zerriß er seine Kleider und sprach: Ach, meine Tochter, wie beugst du mich und betrübst mich! Denn ich habe meinen Mund aufgetan vor dem Herrn und kann's nicht widerrufen. Sie aber sprach: Mein Vater, hast du deinen Mund aufgetan vor dem Herrn, so tu mit mir, wie dein Mund geredet hat, nachdem der Herr dich gerächt hat an deinen Feinden, den Ammonitern. Und sie sprach zu ihrem Vater: Du wollest mir das gewähren: Laß mir zwei Monate, daß ich hingehe auf die Berge und meine Jungfrauschaft beweine mit meinen Gespielen. Er sprach: Geh hin! und ließ sie zwei Monate gehen. Da ging sie hin mit ihren Gespielen und beweinte ihre Jungfrauschaft auf den Bergen. Und nach zwei Monaten kam sie zurück zu ihrem Vater. Und er tat ihr, wie er gelobt hatte, und sie hatte nie einen Mann erkannt. Und es ward Brauch in Israel, daß die Töchter Israel hingehen, zu klagen um die Tochter Jeftahs, des Gileaditers, vier Tage im Jahr.

Pearl: «Heute ist Weltfrauentag, und ich habe diese eher unbekannte Geschichte vorgelesen, weil sie uns ermutigt, uns zu erinnern, statt das Grauen zu verdrängen. Es ist eine gute jüdische, biblische Tradition, daß Geschichten und Geschichte nicht zu den Akten gelegt, sondern regelmäßig bedacht werden. In Israel wußte man wohl, wie schnell wir Menschen vergessen. Also gab es Erinnerungsrituale, die zum Beispiel die Befreiung aus Ägypten ins Gedächtnis riefen. Immer wieder.

Und so ein Ritual ist auch entstanden, als Jeftahs Tochter, deren Namen wir nicht kennen, auf dem Altar geopfert worden war. Jedes Jahr wieder weinte man um die Schwester, die so jung und so grausam sterben mußte. Wir brauchen solche besonderen Tage. Heute fühlen wir uns vereint mit allen Frauen dieser Welt. In Afrika, unserem wunderschönen Kontinent, in Asien, in Europa, in Nord- und Südamerika, in Australien. Wir spüren eine tiefe Solidarität mit Nahen und Fernen, mit Bekannten und Unbekannten. Wir sind uns einig, daß es einen Gedenktag braucht, an dem wir uns alle – da, wo wir sind, und so, wie wir sind – erinnern an die lange Geschichte der Frauen. Wir müssen uns rückversichern, wer wir sind, woher wir kommen und was uns geprägt hat.

Das ist für uns alle, so unterschiedlich wir auch sein mögen, eine lange Geschichte von Unterdrückung. Man(n) hielt uns für minderwertig und für schwach. Wir mußten uns unterordnen und gehorchen. Jeftahs Tochter wurde geopfert.

Und viele nach ihr sind geopfert worden. So wie zu dieser Stunde Frauen im ehemaligen Jugoslawien vergewaltigt werden und diese Form von Gewalt als Kriegsmethode eingesetzt wird, so ist auch Jeftahs Tod die Folge eines Krieges. Auch dort hat keiner die Hoffnung auf einen friedlichen Ausweg. Jeftah, mit dem ich übrigens wenig Mitleid habe, will unbedingt siegen und gibt ein schnelles, unüberlegtes Versprechen. Ja, viel schlimmer ist aber eigentlich, daß er keinen Moment daran zu zweifeln scheint, ob er dieses Versprechen auch wirklich halten wird, ob er es Gott gegenüber halten muß. Und natürlich kommt mir sofort die ähnliche Geschichte in den Kopf: Abraham hätte beinahe seinen Sohn Isaak geopfert. Voller Schmerz und Zweifel geht Abraham zum Opferaltar. Er wagt nicht, seinem Sohn zu sagen, was er vorhat. Man spürt so einen letzten Funken Hoffnung: ‹Ach, möge es doch nicht wahr sein. Ach, daß sich Gott doch erbarme und dies nicht von mir verlangt!› Und so ist es ja dann auch. Seither sollte ein für alle mal klar sein, daß Gott keine Opfer braucht. Für keine noch so heilige Sache.
Jeftah dachte nicht so. Sein Versprechen, sein gottgeweihter Eid war ihm wichtiger als das Leben seiner Tochter. Warum schreit er nicht zu Gott? Warum fleht er nicht darum, ihm dieses Versprechen zu schenken? Er hat keine Hoffnung. Er versucht nicht einmal, einen Ersatz zu suchen oder einen Ausweg zu finden. Er hat Angst vor Gott. Er hat Angst vor seinen Feinden. Und statt seiner Ehre verliert er dann doch lieber seine Tochter. Sie weiß, daß sie sich auf diesen Tod gut vorbereiten muß, und beginnt mit echter Trauerarbeit. Akzeptieren kann sie es nicht, und verstehen wird sie es nie, aber gründlich Abschied nehmen, das wenigstens möchte sie tun. Und sie weiß, daß man solche Schritte besser nicht alleine geht. Ihre Freundinnen begleiten sie. Und sie sind es dann wohl auch, die dafür sorgen,

daß ihre Gespielin nicht vergessen wird, die eine Tradition ins Leben rufen, um sie zu trauern.
Dafür brauchen wir den Tag der Frauen. Er ruft es uns allen ins Gedächtnis: zu viele Namenlose sind schon geopfert worden! Laßt uns nicht vergessen, laßt uns aus unserem Entsetzen lernen. Wir haben einen Tag der Behinderten und einen Tag der Kinder dieser Welt. In Südafrika haben wir einen nationalen Tag für die Schülerinnen und Schüler von Soweto. Das sind besondere Tage. Die anderen gehören den Normalen: den Männern, den Gesunden, den Erwachsenen, den Starken eben. Alle Tage sind sowieso ihre Tage. Wir brauchen Extra-Tage für Arme und Unterdrückte. Und wenn das an 365 Tagen im Jahr nötig ist, freue ich mich, daß es doch immerhin an einem Tag möglich ist. Heute abend in den Nachrichten kommen wir zu Wort, werden wir erwähnt. Weltfrauentag. Stumme werden gehört. Tag des Kindes. Kleine kommen groß raus. Tag der Behinderten. Unbequeme werden wahrgenommen. Das Leid wird dadurch kaum kleiner. Aber die Geschichte macht mir Mut, daß Erinnern sich lohnt. Daß Traditionen, ‹Extra-Tage›, geweihte Jahre eine Chance für mehr Gerechtigkeit sind. Und wir können sie wahrnehmen.»

Frauenfreundschaft

Lukas 1,39-45

Maria aber machte sich auf in diesen Tagen und ging eilends in das Gebirge zu einer Stadt in Juda und kam in das Haus des Zacharias und begrüßte Elisabeth. Und es begab sich, als Elisabeth den Gruß Marias hörte, hüpfte das Kind in ihrem Leibe. Und Elisabeth wurde vom heiligen Geist erfüllt und rief laut und sprach: Gepriesen bist du unter den Frauen, und gepriesen ist die Frucht deines Lei-

bes! Und wie geschieht mir das, daß die Mutter meines Herrn zu mir kommt? Denn siehe, als ich die Stimme deines Grußes hörte, hüpfte das Kind vor Freude in meinem Leibe. Und selig bist du, die du geglaubt hast! Denn es wird vollendet werden, was dir gesagt ist von dem Herrn.

Sue: «Meine Mutter und ich haben eine ähnliche Beziehung wie Elisabeth und Maria. Auch wenn ich noch keine Kinder habe, finde ich mich in dieser Geschichte einer Frauenfreundschaft wieder. Meine Mutter und ich ziehen sozusagen beide Kinder im gleichen Alter groß, denn wir sind beide Lehrerinnen. Meine Mutter ist ein großes Vorbild für mich. Sie hat mir beigebracht, Wissen und Bildung hochzuschätzen. Die Aufgabe, andere zu unterrichten, ist die beste, die ich mir vorstellen kann. So wie meine Mutter mich erzogen und mir ihre Werte vermittelt hat, tue ich es jetzt auch. Wie Elisabeth und Maria nehmen wir unseren Platz ein in der langen Reihe der Mütter, der Ernährerinnen und Lehrerinnen.
Siebenundzwanzig Jahre trennen uns. Wir spüren sie, empfinden sie aber nicht als störend. Meine Mutter ist viel gelassener als ich. Ich bin ungeduldig und oft nervös. Sie ruht in sich selbst, ich fühle mich oft unsicher. Ihre Stärke sind langbewährte Methoden, ich bringe neue Ideen ein. So ergänzen wir uns. Ich genieße es, abends zusammen mit ihr eine Tasse Tee zu trinken und über die Schule zu sprechen. Dabei geht es immer um die Entwicklung einzelner Kinder, um ihre Sorgen und familiären Probleme oder auch um Fortschritte und Erfolgserlebnisse. Wir reden auch immer über uns: was uns belastet, wo wir ratlos sind.
Meine Mutter beobachtet sehr sorgfältig, bis sie ein Urteil abgibt. Sie ist dann immer sehr differenziert. Ich gehe eher intuitiv vor und spontan, bin manchmal voreilig, aber ich kann schneller Entscheidungen treffen. Wir ergänzen uns

also prima. Ich glaube, daß die alte, geduldige, weise Elisabeth und die junge, spontane Maria sich sehr viel zu geben hatten. Wie Mutter und Tochter. Wenn ich mit einer guten Nachricht nach Hause komme, sieht meine Mutter es mir von weitem an – so wie Elisabeth sofort an ihrem eigenen Körper merkt, daß Maria eine ganz besondere Rolle spielen wird. Sie ist nicht neidisch. Sie freut sich mit mir.
So manchem Trend an unserer Schule sehen wir mit großem Unbehagen zu. Unsere Jugendlichen haben große Probleme. Drogen werden verkauft. Junge Mädchen müssen die Schule abbrechen, weil sie schwanger werden. Jemand stirbt an Aids. Gerade der Biologieunterricht ist wichtig, und wir versuchen, über diese aktuellen Gefahren unserer Gesellschaft zu sprechen. Oft ergeben sich Beziehungen zu einzelnen, die dann über den Unterricht hinausgehen. Wir besuchen die Eltern. Dann versteht man die Kinder oft viel besser.
Ich finde es sehr schön, mich mit meiner Mutter austauschen zu können. Ich muß über diese Dinge sprechen, denn sie berühren mich sehr tief; und ich mache diesen Job ja nicht, weil ich damit Geld verdienen will. Das würde als Motivation niemals ausreichen. Manchmal, wenn ich sehe, daß ein Kind nicht mithalten kann, weil es nicht unterstützt wird, bin ich sehr verzweifelt. Wenn ich so an meine Grenzen komme, dann tut es gut, sich mit jemandem auszutauschen, der versteht, wovon ich rede. Wir können zusammen weinen, lästern, Pläne machen, kämpfen, beten und lachen. Wir haben diesen wunderbaren, alten Beruf der Lehrerin, ein typischer Frauenberuf. Meine Mutter hat ihn mir sozusagen vererbt. In der langen Reihe der Mütter und Lehrerinnen ist es für die Älteren und die Jüngeren gut, einander zu achten, einander zuzuhören und zu unterstützen. Wie echte Freundinnen es eben tun.»

Die Hoffnung glaubt trotzdem

Eine Frau steht gerade

Lukas 13,10-14

Und Jesus lehrte in einer Synagoge am Sabbat. Und siehe, eine Frau war da, die hatte seit achtzehn Jahren einen Geist, der sie krank machte; und sie war verkrümmt und konnte sich nicht mehr aufrichten. Als aber Jesus sie sah, rief er sie zu sich und sprach zu ihr: Frau, sei frei von deiner Krankheit! Und legte die Hände auf sie; und sogleich richtete sie sich auf und pries Gott. Da antwortete der Vorsteher der Synagoge, denn er war unwillig, daß Jesus am Sabbat heilte, und sprach zu dem Volk: Es sind sechs Tage, an denen man arbeiten soll; an denen kommt und laßt euch heilen, aber nicht am Sabbattag.

«Ich bin diese Frau», sagt Makepu, «und ich kenne den Geist, der die Frau quält. Ich habe jahrelang selbst unter ihm gelitten. Nein, ich war nicht wirklich körperlich krank, aber ich finde mich trotzdem in dieser Geschichte wieder. Die Kranken mögen es mir verzeihen, wenn ich die Geschichte als ein Bild für mich interpretiere. Wenn man sich immer beugen muß, immer kuschen und demütig den Kopf senken, nicht aufblicken darf, dann verlernt man, aufrecht zu gehen.

Ich war so eine Frau, gekrümmt und bitter, scheu und ängstlich, gefangen. Auch mein Körper ist schon krumm nach dem Tragen der vielen Kinder und den vielen Lasten. Aber vor allem meine Seele hat sich gebeugt. Ich wurde nicht gefragt, ob, wie oft und wann ich Mutter werden wollte. Meine Gefühle wurden nicht berücksichtigt, als mein Ehemann eine zweite und dann eine dritte Frau heiratete. Die

Tradition und seine Wünsche haben immer alles entschieden.
Unser Acker hat Disteln getragen. Meine Gefühle und meine Gesundheit durften keine Rolle spielen, wenn es darum ging, unser kleines Stückchen Land zu bestellen. Meine Tränen hat niemand gesehen, wenn er das hart erarbeitete Geld versoffen hat, wenn er seinen Söhnen Bonbons kaufte und seine Töchter schlug. Ich lebte unter einer Ordnung, die ein Fluch ist. Im Schweiße meines Angesichts habe ich für das Überleben meiner Kinder gekämpft und mich abgerackert. Mühe und Schmerzen habe ich beim Kinderkriegen erlitten. Mir hat nie jemand irgend etwas abgenommen. Ich habe den ganzen Tag Holz geschleppt und Wasser geholt. Zur Erntezeit habe ich in den Zuckerrohrbergen gearbeitet für einen so kleinen Geldbetrag, das er das Wort Lohn nicht verdient.
Ich war klein und zäh, unbedeutend, unauffällig. Erst bei Jesus habe ich erlebt, daß ich aufgucken darf. Ich darf meinen Beitrag leisten und geradestehen für das, was ich bin, denke, fühle und tue. Daß der Fluch aufgehoben ist und jeder Mensch eine neue Schöpfung werden kann, habe ich mit meinem neuen Glauben an Jesus gelernt. Obwohl es immer noch viele ‹Synagogenvorsteher›, Häuptlinge und Kirchenälteste, gibt, die sagen, das sei gegen das Gesetz; in ihrer Bibel stehe, die Frau solle sich unterordnen und ganz klein machen. Aber das kümmert mich nicht, macht mir keinen Kummer mehr. Ich gehe heute gerade. Ich sage, was ich denke. Ich bin sehr bewußt und fröhlich Christin geworden. Es hat mich tief berührt, daß für diesen neuen Glauben nicht zählt, ob ein Mensch ein Mann ist oder eine Frau, ob seine Mutter eine Sklavin war oder sein Vater ein Plantagenbesitzer. Es ist auch unwichtig, aus welchem Volksstamm wir kommen. Der ewige Streit zwischen Zulus

und den anderen kann aufhören. Er hat unserem Land viel Unheil gebracht.
Mit hocherhobenem Kopf habe ich meinen Mann und unser Dorf verlassen. Darauf bin ich zwar nicht stolz, aber es war die einzige Möglichkeit für mich. Die Kraft, meine Situation vor Ort zu verändern, hatte ich nicht, auch wenn das vielleicht besser gewesen wäre. Heute lebe ich mit meinen drei Töchtern in Soweto. Ich empfinde zum ersten Mal in meinem Leben ein Gefühl von Freiheit. Meine Töchter gehen zur Schule, und meine Älteste bringt mir Lesen und Schreiben bei. Ich mache große Fortschritte. Unser ganzes Land erlebt großartige Veränderungen. Nur wenige blokkieren die Bewegung für mehr Demokratie und Menschenrechte. Nicht nur Weiße, auch einige Schwarze, Männer und Häuptlinge, fürchten um die Privilegien, die ihnen die alte Ordnung garantierte. Insgesamt hat uns ein überwältigendes Gefühl der Begeisterung erfaßt. Daß dabei auch der Geist Gottes wichtig ist, glaube ich von ganzem Herzen. Ich erlebe in meiner Kirche eine nie gekannte Einheit von Menschen verschiedener Hautfarben. Männer und Frauen haben die gleichen Rechte. Wir sprechen über unsere alltäglichen Probleme und helfen uns gegenseitig. Ich genieße es sehr, jeden Sonntag zum ersten gemeinsamen Lied aufzustehen. So laut habe ich noch nie gesungen, und noch nie stand ich so aufrecht.»

Könnten Brüder etwas davon lernen?

Markus 15,40-41

Und es waren auch Frauen da, die von ferne zuschauten, unter ihnen Maria von Magdala und Maria, die Mutter Jakobus' des Kleinen und des Joses, und Salome, die ihm nachgefolgt waren, als er in Galiläa war, und ihm gedient hatten, und viele andere Frauen, die mit ihm hinauf nach Jerusalem gegangen waren.

Ramochetsu: «Ich freue mich, wenn ich so etwas lese. Daß die Frauen dabei waren, daß sie dazugehörten. Oft sehen wir Bilder, und da sind dann nur Jünger, Männer um Jesus herum. Bei der Kreuzigung endlich kann niemand darüber hinwegsehen, daß sie dabei waren.»
Alice: «Der Pfarrer meiner Kirche ist nicht gerade ein Freund der Gleichberechtigung. Er kommt bei dieser Geschichte immer ins Schleudern. Einmal sagte er sogar, da könnten sich die Männer doch wirklich mal ein Beispiel an den Frauen nehmen. Als alle Jünger ängstlich hinter verbretterten Türen saßen, haben die Frauen Jesus bis ganz zum Schluß beigestanden.»
Dorothy: «Ich freue mich gar nicht so sehr über diesen Text und noch viel weniger über die wohlwollenden Sätze und Interpretationen irgendwelcher Pfarrer. Das klingt in meinen Ohren gönnerhaft. Es ist doch mal wieder typisch, was die Frauen tun. Statt wegzulaufen und an sich zu denken, bleiben sie treu-doof da und bringen sich in Gefahr. Sie haben nicht verstanden, was die Stunde geschlagen hat. So sind wir: wir denken zunächst an die anderen, was der Herr braucht, die Trauernden, die Eltern, die Nachbarin, die Kinder, bevor wir an uns denken. Und dann ist es oft zu spät. Ich glaube nicht, daß die Frauen hier besonders mutig und stark sind; sie verhalten sich so, wie sie sich immer verhalten haben: sie sind treu.»
Ramochetsu: «Ist das nun etwas Schlechtes, oder könnten die Brüder etwas davon lernen? Ich stimme dir zu: die männlichen Jünger hätte es viel mehr Überwindung gekostet zu bleiben. Sie sind egoistisch genug, das ist manchmal

ja sehr klug. Aber müssen wir Frauen jetzt auch egoistisch werden? Ich meine, wir sollten lernen, an uns zu denken, darauf zu achten, daß wir nicht zu kurz kommen; aber was wird aus der Nachbarin, der Schwiegermutter und unseren Kindern, wenn wir jetzt auch nur selbstbewußt werden und uns der anderen nicht mehr bewußt sind? Ich meine, wir wollen doch nicht so werden wie die Männer? Das wäre ja entsetzlich.»

Alice: «Du hast recht! Ich bin sehr stolz auf unsere neue, erste demokratisch gewählte Regierung Südafrikas. Ich erwarte etwas von den Politikern. Aber ganz besonders stolz bin ich darauf, daß wir so viele Frauen im Parlament haben: 80 von 400 Abgeordneten. Und an die habe ich besondere Erwartungen. Ich hoffe, daß sie sich in die Probleme von uns Frauen hineindenken, natürlich. Aber ich wünsche mir auch, daß sie einen anderen Stil, eine gute Atmosphäre in die Regierungsgeschäfte hineinbringen. Gefühle wie Mitleid und Treue eben. Wie die Frauen unterm Kreuz. Ich finde das gar nicht dumm. So eine Haltung ist natürlich wirklich unmodern. Zu etwas zu halten und Ausdauer zu zeigen, wenn es sich scheinbar schon gar nicht mehr lohnt oder sogar seinen Preis fordert, damit kommt man nicht weit. Ich bete für die Regierung und besonders für die Frauen. Daß sie es bei Jesus aushalten, auch wenn alle anderen weggehen und nur noch an sich denken, ihre eigene Haut retten wollen.»

Eine Pastorentochter wacht auf

Markus 5,21-24 und 35-43

Und als Jesus wieder herübergefahren war im Boot, versammelte sich eine große Menge bei ihm, und er war am See. Da kam einer von den Vorstehern der Synagoge, mit Namen Jairus. Und als er Jesus sah, fiel er ihm zu Füßen und bat ihn sehr und sprach: Meine Tochter liegt in den letzten Zügen; komm doch und lege deine Hände auf sie, damit sie gesund werde und lebe. Und er ging hin mit ihm. Und es folgte ihm eine große Menge und sie umdrängten ihn. (...)
Als er noch so redete, kamen einige aus dem Hause des Vorstehers der Synagoge und sprachen: Deine Tochter ist gestorben; was bemühst du weiter den Meister? Jesus aber hörte mit an, was gesagt wurde, und sprach zu dem Vorsteher: Fürchte dich nicht, glaube nur! Und er ließ niemanden mit sich gehen als Petrus und Jakobus und Johannes, den Bruder des Jakobus. Und sie kamen in das Haus des Vorstehers, und er sah das Getümmel, und wie sehr sie weinten und heulten. Und er ging hinein und sprach zu ihnen: Was lärmt und weint ihr? Das Kind ist nicht gestorben, sondern es schläft. Und sie verlachten ihn. Er aber trieb sie alle hinaus und nahm mit sich den Vater des Kindes und die Mutter und die bei ihm waren, und ging hinein, wo das Kind lag, und ergriff das Kind bei der Hand und sprach zu ihm: Talita kum! – das heißt übersetzt: Mädchen, ich sage dir, steh auf! Und sogleich stand das Mädchen auf und ging umher; es war aber zwölf Jahre alt. Und sie entsetzten sich sogleich über die Maßen. Und er gebot ihnen streng, daß es niemand wissen sollte, und sagte, sie sollten ihr zu essen geben.

Katliso: «Ich glaube, es gehört mit zum Schlimmsten, wenn ein Mensch stirbt, noch bevor er richtig gelebt hat. So ein junges Mädchen, sie hatte doch noch alles vor sich. Sie wurde gerade erst erwachsen. Es muß für sie und ihre Eltern

ganz schrecklich schmerzhaft gewesen sein, sie sterben zu sehen. Und ihr Vater war ja nicht irgend jemand, er war eine hohe Persönlichkeit. Das kleine Mädchen war so etwas wie eine Pastorentochter. Vielleicht sollte uns Miriam mal erzählen, wie das so ist.»
Miriam: «Ich stelle mir vor, daß sie erzogen wurde wie ich. Und daß sie und ihre Familie immer unter diesem besonderen Druck standen, gut zu sein, alles vorbildlich und richtig zu machen. Wenn alle anderen Mädchen Zeitschriften lesen, sich schminken, kichern und albernen Unsinn machen, ist das normal. Wenn ich mitmache, heißt es immer gleich: Was, du bist doch die Tochter vom Prediger? Darfst du denn so was überhaupt? Und natürlich darf ich es nicht. Mein Vater ist zwar nicht streng, aber er möchte alles für mich tun: daß ich glücklich werde und anständig bleibe. Er hat Angst davor, daß ich unangenehm auffalle. Wißt ihr, das ist so, weil damit immer auch ein schlechtes Licht auf ihn fallen würde. Und er muß auf seinen Ruf achten, auf seine Glaubwürdigkeit. Ja, wenn die kleine Tochter von Jairus auch so behütet aufgewachsen ist und überängstliche Eltern hatte, dann bekommt die Geschichte dadurch auch einen anderen Ton. Dann geht es vielleicht darum, daß die Kleine erwachsen wird und die Erwartungen und Vorstellungen des Vaters vorher erst sterben müssen.»
Katliso: «Es ist schon faszinierend, wieviel Ähnlichkeiten man mit den Menschen der Bibel entdecken kann und wie dadurch eine so alte Geschichte anfängt, zu uns zu sprechen. Ich stelle mir vor, wie schlimm es für den Synagogenvorsteher gewesen sein muß, daß alle Jesus auslachen. Ich meine, er lädt ihn in sein Haus, weil er großen Glauben hat und von Jesus ganz ehrlich Hilfe erwartet. Und alle um ihn herum, das ganze Dorf, die sonntags immer seine Predigten hören, lachen nur. Als glaubten sie gar nicht an Gott. Als

glaubten sie, der Tod sei stärker als Gott. Das muß für ihn frustrierend gewesen sein. Und ich frage mich, ob wir nicht alle eigentlich genauso sind: daß wir hören, was gepredigt wird, aber wenn es hart auf hart kommt, nicht darauf vertrauen. Am Ende glauben wir doch an solche Mächte wie den Tod und finden es lächerlich, auf den Gott des Lebens zu hoffen. Deshalb schickt Jesus die Schaulustigen weg. Er setzt sie regelrecht vor die Tür, und nur ein ganz intimer Kreis von Leuten bleibt. Wer nicht glaubt und nicht mit einem Wunder rechnet, wird es also nicht erleben.»

Miriam: «Mir ist wichtig, daß es in dieser Geschichte tatsächlich nicht nur um die Tochter, die Kleine, geht. Der Vater verändert sich ja auch. Seine erdrückende Liebe, die seine Tochter einengt, und seine bestimmten Erwartungen, die ihren Weg planen, bekommen einen Dämpfer. Er muß einsehen, daß er seine kleine Tochter nicht vor dem Tod bewahren kann. Er muß sie freigeben. Mit zwölf Jahren ist sie genau in dieser Übergangsphase. Sie kommt langsam ins heiratsfähige Alter. Der Vater muß sie lassen. Nachdem Jesus sie angerührt hat, steht sie auf und geht ihre ersten eigenen Schritte. Jetzt ist sie selbständig und ‹wie neugeboren›, kann anfangen, auf eigenen Füße zu stehen. Ich glaube, daß viele Eltern, und vielleicht besonders die Väter, dieses Loslassen lernen müssen.»

Katliso: «Am Ende verbietet Jesus, über das Wunder zu sprechen. Mich bestärkt das noch mal in dem Eindruck, daß Wunder irgendwie nicht für alle sind. Die Menschen, die vertraut haben, werden Teil von einem Geheimnis. Die anderen, die mit ihrem Lachen, ihren Witzen, hinter denen doch nur Verzweiflung steckt, die Atmosphäre störten, gehen diesmal leer aus. Sie konnten sich nicht auf ihre Hoffnungen einlassen. Ich weiß, daß ich manchmal nur das glaube, was ich sehe, auch wenn es schrecklich ist, so schrecklich wie der Tod des Mädchens. Ich wage nicht, mich für mehr zu öffnen – aus Angst, enttäuscht zu werden. Ich glaube an vieles nur so theoretisch. Die Tochter des Jairus – bleibt halt eine nette Geschichte. Aber ich hätte nicht den Mut, oder das Gottvertrauen, zu einem Kranken zu sagen: ‹In Jesu Namen, steh auf und sei gesund.› Darüber muß ich nachdenken. Die Geschichte lockt mich aber jedenfalls, das Risiko einzugehen, gegen den Augenschein zu vertrauen.»

Miriam: «Für mich hat das Wegschicken der Leute noch eine andere Bedeutung. Dieses Töchterchen vom Prediger ist jetzt kein Thema mehr für die Öffentlichkeit. Es ist egal, was die Leute sagen. Jairus muß lernen, daß er das Leben und Sterben, Wachsen und Erwachsenwerden, Schlafen und Aufwachen seiner Familie nicht zur Schau tragen darf. Er kann nicht für seine Tochter mitentscheiden, nur um den Erwartungen der Leute zu entsprechen.»

Maria und Marta gehören zusammen

Lukas 10,38-42

Als sie aber weiterzogen, kam er in ein Dorf. Da war eine Frau mit Namen Marta, die nahm ihn auf. Und sie hatte eine Schwester, die hieß Maria; die setzte sich dem Herrn zu Füßen und hörte seiner Rede zu. Marta aber machte sich viel zu schaffen, ihm zu dienen. Und sie trat hinzu und sprach: Herr, fragst du nicht danach, daß mich meine Schwester läßt allein dienen? Sage ihr doch, daß sie mir helfen soll! Der Herr aber antwortete und sprach zu ihr: Marta, Marta, du hast viel Sorge und Mühe. Eins aber ist not. Maria hat das gute Teil erwählt; das soll nicht von ihr genommen werden.

Nkele: «Als ich ein Kind war, mochte ich diese Geschichte nicht allzusehr. Ich fand es irgendwie unfair, daß Jesus Maria bevorzugte, obwohl Marta doch sehr gute Dinge tat und sich so viel Mühe gab. Hätten sie nicht alle drei zusammen spülen und beim Gemüseputzen Lieder singen können? Bilder dazu zeigten eine glücklich lächelnde, heilige, gehorsame, süße, hübsche Maria und eine Marta, die bitter, älter war, dick und mit Arbeitshänden und einem zynisch-abgehärmten Lächeln. Marta tat mir leid. Als ich älter wurde, habe ich nach Erklärungen gesucht. Warum verhält sich Jesus so? Oder hatte ich ihn nicht richtig verstanden? Einige Auslegungen weckten nur weiteren Widerstand in mir; sie sagten ganz einfach: Maria hat eben das bessere Teil gewählt, das, was allein notwendig ist: das Zuhören. Das klang sehr nach ‹happy-clappy› und wenig nach glaubwürdigem Leben. Ich dachte, es würde doch wohl nicht richtig für Jesus gesorgt, wenn Marta ihm nicht zu essen geben würde. Wie könnte Maria unserem Herrn allein dienen, wenn sie nur zu seinen Füßen sitzt? Nur beide Schwestern zusammen haben Jesus zu Gast. Ich glaube, daß diese Geschichte für uns als christliche Frauen heute sehr bedeutsam ist.

Erstens sollten wir es anderen nicht erlauben, uns und unsere verschiedenen Kirchen in Schubladen zu sperren und uns in geistliche Marias und tätige Martas zu spalten. In Charismatiker und Aktivisten. In die mit den besten politischen Aktionen und die mit den schönsten Chören. Wir alle wissen doch im Grunde unseres Herzens, daß wir Gebet und Aktionen brauchen, Theologie, Lehre und soziales Engagement, gründliche Bibelarbeit und saubere sozialpolitische Analyse. Beide Schwestern liebten Jesus. Zusammen haben sie Jesus zu Gast. Wir können und sollen sowohl von Maria als auch von Marta lernen. Maria ist uns ein Vorbild in ihrer stillen Erwartung und ihrer Liebe für das Wort Gottes. Maria hat die erste Liebe einer Frischverliebten, offen und erfrischend begegnet sie Jesus und erhofft alles Lebenswichtige von ihm. Marta ist uns ein Vorbild, Liebe zu üben(!). Marta hat die tiefe Liebe einer Mutter. Sie ist treu und umsichtig und kann sich selbst vergessen. Ihre Liebe äußert sich nicht in Schwärmerei, sondern im praktischen Helfen. Sie kämpft für das Rechte.

Zweitens sollten wir nicht zulassen, daß christliche Frauen nur die Kirchen putzen, die Blumen zurechtzupfen, Essen kochen (wie Marta), sondern auch Theologie studieren, Platz und Zeit finden, um zu lesen, zu beten, zu reflektieren und in der Erkenntnis Gottes zu wachsen. Bis heute haben in den meisten unserer Kirchen Frauen nur das Recht, die Rolle von Marta zu spielen. Die von uns, die beide Schwestern lieben und Maria manchmal schmerzlich vermissen, haben deshalb auch offiziell verlangt, daß unsere Gemeinden Frauen nicht mehr einseitig auf eine Rolle reduzieren. Wir haben darum gebeten, daß diese Spalterei endlich ein Ende nimmt und wir alle Unterstützung bekommen, die wir brauchen, um eine neue Ganzheitlichkeit in unsere Kirchen zu bringen. Für Männer und Frauen.

Ich glaube zutiefst, daß Maria und Marta zusammengehören. Wie Maria sollten wir immer wieder innehalten, zuhören und vorsichtig und gründlich nach dem Willen Gottes fragen. Aber dann auch wieder wie Marta öffentlich unsere Einsichten weitergeben und geistliche Führungspersonen herausfordern. Ohne Marta würde Maria zu einer unrealistischen Träumerin, eine unglaubwürdige Schwärmerin, deren Glaube, Liebe und Hoffnung nichts mit dieser Welt zu tun haben. Ohne Maria würde Marta ausbrennen, müde und frustriert werden; sie müßte sich immer selbst motivieren und aufbauen und würde irgendwann vielleicht die

Hoffnung verlieren. Liebe und herzliches Erbarmen, Ausdauer und Hoffnung – sie können zusammenleben und uns beide prägen, wenn uns Maria und Marta beide willkommen sind, wenn wir sie beide einladen, uns alle zu verändern.»

Parfüm verschwenden

Markus 14,3-9

Und als er in Betanien war im Hause Simons des Aussätzigen und saß zu Tisch, da kam eine Frau, die hatte ein Glas mit unverfälschtem und kostbarem Nardenöl, und sie zerbrach das Glas und goß es auf sein Haupt. Da wurden einige unwillig und sprachen untereinander: Was soll diese Vergeudung des Salböls? Man hätte dieses Öl für mehr als dreihundert Silbergroschen verkaufen können und das Geld den Armen geben. Und sie fuhren sie an. Jesus aber sprach: Laßt sie in Frieden! Was betrübt ihr sie? Sie hat ein gutes Werk an mir getan. Denn ihr habt allezeit Arme bei euch, und wenn ihr wollt, könnt ihr ihnen Gutes tun; mich aber habt ihr nicht allezeit. Sie hat getan, was sie konnte; sie hat meinen Leib im voraus gesalbt für mein Begräbnis. Wahrlich, ich sage euch: Wo das Evangelium gepredigt wird in aller Welt, da wird man auch das sagen zu ihrem Gedächtnis, was sie jetzt getan hat.

Carol: «Was die Frau tut, ist ja wirklich Verschwendung. Auf den ersten Blick macht es überhaupt keinen Sinn, stört nur und hilft niemandem. Die Armen gehen leer aus. Und was hätte man nicht alles kaufen können von dem vielen, schönen Geld! Ich verstehe die Auflehnung der Jünger durchaus. Aber ich weiß auch, daß wir solche symbolischen Handlungen brauchen. Ich glaube, daß es solche besonderen Momente gibt. Sie sind heilig und passen nicht ganz in diese Welt.

Das war damals kein Tag wie jeder andere auch. Jesus stand kurz vor seinem Tod. In so einer Grenzsituation braucht er jemanden, der ihn vorbereitet auf das, was kommt. Der normale Ablauf mußte für einen Moment unterbrochen werden. Die Frau, wer auch immer sie war, hat Jesus sehr geliebt, das merkt man. Und das hat auch er gemerkt. Einen Körper zu salben, der bald schon getötet wird, gekreuzigt, gefoltert, dazu gehört schon Liebe. Das kann man nicht aus Berechnung tun, es lohnt sich einfach nicht. Es erscheint sinnlos, die Frau hat nichts davon.
Ich denke daran, daß wir bei der Vereidigung von Präsident Mandela einen wunderschönen Gottesdienst und ein großes Fest gefeiert haben. Musiker haben gespielt und gesungen. Flugzeuge haben die neue Fahne Südafrikas am Himmel entlanggezogen. Bunte Farbwolken haben uns gezeigt: die Polizei ist kein Feind Mandelas mehr. Früher wollten sie ihn töten, jetzt geben sie ihm alle Ehre: Militär und Politiker.
Oberflächlich gesehen war auch das Verschwendung. Hätte man von dem Geld, das für den Galaempfang ausgegeben wurde, nicht einige Häuser bauen können? Keiner hat so gedacht. Oder noch ein anderes Beispiel: Wenn zwei Menschen heiraten, dann ist das für uns eine ganz wichtige Angelegenheit. Alle werden eingeladen: Nachbarn, Nachbarinnen, Verwandte, Freundinnen und Freunde. Wir geben viel Geld dafür aus. Alle sollen satt werden, alles soll schön aussehen, gut duften. Wir ziehen schöne Kleider an und kaufen Blumen. Niemand denkt an so einem Tag an die Kosten. Und das ist richtig so. Natürlich soll sich niemand verschulden, aber man wird sich das Ganze durchaus etwas kosten lassen. Das ist ein besonderer Tag. Und mir geht es so, daß ich bei jedem Hochzeitstag gerne daran zurückdenke. Das Fest und die Trauung haben mir

geholfen, in die Ehe zu gehen, in diese völlig neue Situation. Wenn mein Mann mir heute Blumen schenkt – so etwas Symbolisches wie rote Rosen zum Beispiel –, ist das ein kleiner Nachgeschmack davon. Niemals würde ich dann daran denken, wie teuer die Blumen wohl waren. Ich freue mich, und es berührt mich ganz tief.
So wie die Salbung nicht den Tod verhindert, bringt die Rose an sich auch noch keine Liebe. Mandelas Verantwortung gerade für die Armen fing an dem Tag seiner Vereidigung erst so richtig an, Flugzeuge und Fahnen hatten die Probleme nicht gelöst. Und doch – ohne Salbung, ohne Rosen, ohne Fest würde es wohl schwerer fallen. Arme haben wir immer bei uns. Diesen biblischen Realismus teilen wir, die wir selbst arm sind, schon lange. Aber neben dem Alltag gibt es eben heilige Momente. Sie bereiten etwas Größeres vor. Sie helfen uns, in die Ungewißheit zu gehen. Wir feiern Gottesdienst, wenn wir in neue Situationen gehen. Die liturgischen Handlungen, die alten Worte und die besonderen Symbole helfen uns. Sie berühren uns auf einer tiefen Ebene. Und das brauchen wir. So wie Jesus die zärtlichen Berührungen dieser Frau brauchte.
Die Geschichte Jesu und die Geschichte der Frau werden weitererzählt, immer wieder ins Gedächtnis gerufen. Mit dem Tod Jesu war nicht alles aus. Das Evangelium wird weltberühmt. Und mit ihm diese Frau mit ihrem Parfüm. Sie sagt uns: Achtet auf die besonderen Momente, denn sie geben Kraft. Wir brauchen heilige Unterbrechungen!»

Brot und Wein, Tränen und Rosen

1. Korinther 11,23-26

Der Herr Jesus, in der Nacht, da er verraten ward, nahm er das Brot, dankte und brach's und sprach: Das ist mein Leib, der für euch gegeben wird; das tut zu meinem Gedächtnis. Desgleichen nahm er auch den Kelch nach dem Mahl und sprach: Dieser Kelch ist der neue Bund in meinem Blut; das tut, sooft ihr daraus trinkt, zu meinem Gedächtnis. Denn sooft ihr von diesem Brot eßt und aus diesem Kelch trinkt, verkündigt ihr den Tod des Herrn, bis er kommt.

Nomvula: «Nehmt das Brot. Teilt es unter euch auf. So wie Jesus für uns starb, damit wir alle leben können, soll uns dieser Laib Brot alle sättigen. Es ist genug für alle da. In der Nacht der Befreiung aßen die Kinder Israel das Brot des Weges. Brot, das schnell gebacken ein Zeichen für den Aufbruch wurde. In der Nacht brachen die Sklaven auf in die Freiheit. In der Nacht brach Jesus das Brot der Befreiung. Wir haben gesungen: ‹We shall overcome›. Wir haben geglaubt: Eines Tages wird es soweit sein, daß auch wir aufbrechen werden. Als Freie werden wir gehen. Als Befreite werden wir feiern. Heute feiern wir das Gedächtnismahl. Mit der alten Hoffnung und neuer Gewißheit können wir sagen: Gott befreit uns.»
Ellen: «Als Frauen kämpfen wir um das Brot für unsere Familien. Wir wissen: Brot bedeutet Leben. Wir wollen teilen, daß unsere Kinder nicht hungern müssen, damit das Brot des Lebens den Hunger aller Menschen stillen kann.»
Nomvula: «Trinkt von dem salzigen Essigwasser. Nehmt den Tränenbecher. Er ist ein Symbol für die bitteren Jahre der Unterdrückung. Als Sklaven haben wir geweint. Gott

hat unsere Tränen gesehen. Wir sind traurig über unsere Geschichte. Wir sind schuldig geworden, aneinander und vor Gott.»
Ellen: «Laßt uns nicht vergessen! Ruft euch ins Gedächtnis, wie die Unfreiheit schmeckt. Eure Tränen wurden gezählt. Die Vergangenheit war bitter. Vieles hat uns zum Weinen gebracht. Unsere schwarzen Schwestern erinnern uns: Ihre Männer waren im Gefängnis, ihre Kinder mußten sich verstecken, Freunde wurden getötet oder gefoltert, ihre Väter starben in den Minen, ihre Mütter hüteten die Kinder fremder Leute. Sie selbst waren Sklavinnen. Unsere weißen Schwestern erinnern uns: Ihre Männer waren in der Armee, ihre Eltern haben nicht die Wahrheit erzählt über unser Land, ihre Kinder haben alle Privilegien genossen. Sie selbst waren Sklavinnen. Sie lebten in ständiger Angst vor dem Verlust, gefangen von der Ahnung, daß ihre wohlbehüteten Lebenslügen nicht für immer halten. Heute erinnern wir uns gemeinsam. Die Liebe wurde ans Kreuz geschlagen. Laßt uns dieses Zeichen verstehen. Laßt nicht zu, daß es umsonst geschehen ist.»
Nomvula: «Trinkt von dem Getränk des Weinstocks. Unterdrückung und Ausbeutung sollen der Vergangenheit angehören. Mit diesem Fest, mit dem Gedächtnismahl, bekennen wir: Ja, wir glauben an die Vergebung, an die Liebe und an die Versöhnung. Gott ist uns gut. Wir sind frei und können ein neues Leben beginnen.»
Ellen: «Als Frauen erfahren wir regelmäßig, daß Blut und neues Leben zusammengehören. Nicht nur im Krieg fließt Blut, auch eine Geburt und jeder fruchtbare Zyklus kommen nicht ohne Blut aus. Es ist damit sowohl ein Zeichen des Grauens als auch des Lebens. Wir wissen, daß es ohne Blut, ohne Schmerzen, ohne Opfer kein neues Leben geben kann. Die saubere, schmerzfreie Gesellschaft ist eine

Illusion, sie wird sich als unfruchtbar erweisen. Blut gehört zu unserem Leben, so unverständlich oder unangenehm uns dieser Gedanke auch sein mag.»

Nomvula: «Nehmt jede eine Rose aus dem großen Blumenstrauß. Brot bedeutet Leben. Es stillt den Hunger. Es stärkt uns. Bevor wir uns auf den Weg machen, essen wir. Blut bedeutet Leben. Wir wissen um die Kraft unseres Körpers, die Kraft der Fruchtbarkeit und des freiwilligen Opfers. Wir sagen: *Yes, it's bread we fight for, but we fight for roses, too.* (Ja, es ist Brot, wofür wir kämpfen. Aber wir kämpfen auch für Rosen.) Das nackte Leben ist eben nicht genug. Wir erhoffen mehr als nur das Überleben. Wir erwarten mehr als nur, davonzukommen. Rosen, Schönheit, Liebe und Zärtlichkeit. Versöhnung und Würde. Wir brauchen Symbole für die Liebe. Brot und Wein. Tränen und Rosen. Blumen und Küsse.»

Ellen: «Als Frauen wissen wir, was Unterdrückung bedeutet. Als schwarze Frauen haben wir in mehrfacher Weise unter Unfreiheit gelitten. Wir haben die Hoffnung nicht aufgegeben, daß wir eines Tages dieses Mahl zusammen feiern können. Daß wir als Schwarze und Weiße, als Frauen und Männer Geschwister werden können. Jede von uns soll blühen wie die Rose. In unserem Leben soll das Schöne einen festen Platz haben. Wir wollen uns in Liebe begegnen. Daß wir uns heute umarmen können, an den Händen halten, einander wieder in die Augen sehen können, sagt uns: Das freiwillige Opfer Christi hat sich gelohnt. Gemeinsam feiern wir, daß Jesus am Ende doch recht hat mit dem, was er tut.»

Nomvula: «Das Mahl der Befreiung wurde über Jahrhunderte immer wieder gefeiert. Wir reihen uns ein in diese Tradition: Auch wir haben erfahren, daß Gott uns befreit. Das letzte Mahl unseres Herrn Jesus Christus ruft uns in besonderer Weise ins Gedächtnis, daß ein für allemal trotz unserer Geschichte alles neu werden kann. Unser Liebesmahl legt es uns aufs Herz: Immer wieder erinnern wir an den Tod und das Leben Jesu, wenn wir zusammen das Brot brechen, zusammen weinen, aus einem Kelch trinken und einander zeichenhaft und glaubhaft versichern, daß Liebe, Vergebung und Versöhnung möglich sind. Amen.»

Vielen Dank,

Agatha, Ailea, Alice, Anne, Betty, Carol, Cathy, Cindy, Cynthia, Debora, Dorothy, Ellen, Gladys, Joyce, Juliette, Katliso, Khumo, Lindiwe, Makepu, Miriam, Nanagirl, Nkele, Ndumi, Nomvula, Pearl, Ramochetsu, Refilwe, Sizakele, Sue, Susan, Thabang!